作者簡介■

威廉・史坦利・耶方斯
(William Stanley Jevons, 1835~1882)

英國著名的邏輯學家及經濟學家，亦是邊際效用學派的重要創始人之一。

譯者簡介■

嚴　復（1854～1921）

福建福州人，初名傳初，改名宗光，字又陵，後又名復，字幾道，晚號野老人，中國近代啟蒙思想家、翻譯家。

嚴復有系統地將西方的社會學、政治學、政治經濟學、哲學和自然科學介紹到中國，他陸續翻譯了《天演論》、《原富》、《群己權界論》、《群學肄言》、《社會通詮》、《孟德斯鳩法意》、《穆勒名學》、《名學淺說》等八部名著。他的譯著在當時影響巨大，是中國二十世紀最重要啟蒙譯著。嚴復的翻譯考究、嚴謹，每個譯稱都經深思熟慮，他提出的「信、達、雅」的翻譯標準對後世的翻譯工作產生深遠影響。

名學淺說

Primer of Logic

威廉・史坦利・耶方斯
William Stanley Jevons 著
嚴復 譯

臺灣商務印書館

救亡圖存，富國利民

臺灣商務印書館重印嚴復先生翻譯名著叢刊序

祖父嚴幾道先生，身當清末衰頹之世，首先有系統的把西方的觀念和學說引進中國，因為他看到了中國面對的危機，必須救亡圖存，全盤維新。祖父的一生，他的所學、所思、所為，離不了憂國之心，愛國之情。

祖父譯述之西方名著，包括《天演論》、《原富》、《社會通詮》、《群己權界論》、《孟德斯鳩法意》、《群學肄言》、《名學淺說》、《穆勒名學》等八部巨著，原先已由商務印書館出版，稱「嚴復先生翻譯名著叢刊」，絕版已久。現臺灣商務印書館決定重新編排發行這八本書，以饗讀者。囑我為序，謹識數語，以表我對祖父的思慕。

一八九四年甲午戰爭之敗，給祖父的刺激最深，當年十月他給長子嚴璩的書信中痛心的說，清廷「要和則強敵不肯，要戰則臣下不能」，國事敗壞至此，非變法不足以圖存。他接著在一八九五年發表了四篇充滿血淚的文章，「論世變之亟」、「原強」（原強續篇）、「闢韓」、「救亡決論」，提出中國振衰起敝的辦法，強調必須認清中國人自己的缺點，吸收西方的優點，以「鼓民力」、「開民智」、「新民德」，再造富強，所以有學者認為嚴復是清末維新運動中一位最傑出的思想家和言論家，誠可信也。

祖父是一位典型的中國知識分子，他對時代具有強烈的使命感，以天下為己任，企盼國家富強，人民安樂。他服膺孟子「民貴君輕」的主張，所以他的「闢韓」論，駁斥韓愈「原道」中所謂「君者，出令者也……民者，出粟米麻絲，作器皿，通貨財以事其上者也。」他說韓愈「只知有一人而不知有億兆人民。祖父希望發揚的是西方自由主義啟蒙思想的民主概念，以「新民德」，而臻富強。

祖父一生，處於國力積弱、戰亂頻仍的時代，在政治上難以發揮，轉而引介西方學術思潮，從事中西文化的整合與重建工作，對中國現代化具有深遠的影響。

祖父的譯述工作，提出了「信、達、雅」之說，用力甚勤，故梁啟超曾說：「近人嚴復，標信達雅三義，可謂知言。」清末桐城派文學家吳汝綸也說：「文如幾道，可與言譯書矣！」又說：「自吾國之譯西書，未有能及嚴子者也。」今臺灣商務印書館重印祖父譯書八本，當可印證其歷久常新也！

祖父翻譯西方名著，重在思想之傳播，而非僅僅文字之傳譯，他認為「一理之明，一法之立，必驗之物事。物事而皆然，而後定之為不易。」所以他在譯書中也會表達自己驗證的意見，希望真正做到富國利民，以達不朽。

嚴倬雲　謹識

嚴復先生與商務印書館

一九二〇年代以前，商務印書館編譯所在創館元老張元濟的主導下，出版了許多介紹外國新知識的翻譯書，對中國的現代化產生重大的影響，其中影響最大的，應該是嚴復譯介英國學者赫胥黎（Thomas Henry Huxley）的《天演論》（Evolution and Ethics）。

翻譯《天演論》，影響深遠

達爾文（Charles Darwin）在一八三一年乘坐小獵犬號探險船環球旅行五年，蒐集有關物種進化的證據。回到英國後，又花了二十年的時間加以研究整理，到一八五六年開始寫作，一八五九年出版《物種原始》（Origin of Species），提出物種進化的證據，引起學術界和宗教界一片嘩然。

赫胥黎本來是反對物種進化理論的，當他看完達爾文的《物種原始》後，恍然大悟，從此非常積極支持進化理論，甚至於一八六〇年在牛津大學講堂，與威博佛斯大主教（Bishop Samuel Wilberforce）公開辯論，威博佛斯譏笑赫胥黎的祖父母是否來自哪一個猿猴？

赫胥黎從此努力研究進化論，甚至提出人類進化的證據，證明猿猴與人類的大腦構造是相同的。他把有關的研究寫了許多本書，其中《進化與倫理》（Evolution and Ethics）是討論有關進化的倫理問題，提出物競天擇、適者生存等理論，於一八九三年出版。

留學英國，譯介西方名著

嚴復於一八五四年陽曆一月八日在福州出生，家中世代以中醫為業。十三歲喪父，遂放棄科舉之途，十四歲進入福州船政學堂學習駕駛，四年後成為學堂的第一屆畢業生，先後分發在「建威艦」、「揚武艦」實習五年。

一八七二年，他取得選用道員的資格（正四品，可以擔任地方主官），乃改名嚴復，字幾道，於一八七七年三月前往英國格林威治皇家海軍學院（The Royal Naval College, Greenwich）學習。兩年後學成返國，在他的母校福州船政學堂擔任教習，翌年升任天津水師學堂總教習，一八九〇年升為總辦（校長），但與李鴻章意見不合，有意另謀發展，一八九五年甲午戰後，開始在天津「直報」發表文章，主張變法維新。

一八九六年，張元濟進入總理衙門服務，開始勤讀英文，認識了嚴復。次年，在嚴復的協助下，張元濟創辦西學堂（後改名通譯學堂），傳授外國語文，聘請嚴復的侄兒嚴君潛擔任常駐教習。這一年（一八九七年），嚴復與夏曾佑等人在天津創辦「國聞報」，宣揚變法維新以圖存的主張，並開始連載刊登他所翻譯的《進化與倫理》，改名為《天演論》，介紹西方最新的「物競天擇、適者生存」理論。

一九〇五年《天演論》由商務印書館出版。嚴復在自序中說：「赫胥黎氏此書之指，本以救斯賓塞任天為治之末流，其中所論，與吾古人有甚合者，且於自強保種之事，反復三致意焉。」可見嚴復翻譯此書，正是要引介外國新潮流來啟發國人。

一八九八年，張元濟與嚴復都獲得光緒皇帝的召見，談到變法維新的問題。可惜百日維新在九月二十一日隨著「戊戌政變」而失敗，張元濟被革職，永不錄用，當年底回到上海，次年獲聘為南洋公學譯書院院長。梁啟超從天津搭船逃往日本，「國聞報」因為詳細刊登政變經過而被查封停辦。

商務出版《原富》等世界名著

一八九九年六月，嚴復將他翻譯的《原富》（即《國富論》，Adam Smith, An Inquiry into the Nature and Cause of the Wealth of Nations）寄給張元濟，南洋公學決定以二千兩銀子購買版權，嚴復同意，一九〇一年由南洋公學分冊出版。後來因為版稅沒有正常給付，嚴復再將《原富》交給商務印書館出版。

一九〇〇年義和團之亂起，嚴復離開天津避居上海，參加正氣會發起成立的中國議會，容閎被選為會長，嚴復被推舉為副會長。

張元濟在一九〇二年為商務印書館創設編譯所後，出版了很多本嚴復翻譯的書，除了《天演論》、《國富論》外，還有《群學肄言》（Herbert Spencer, The Study of Sociology, 1872, 商務在一九〇三年出版）、《群己權界論》（John Mill, On Liberty, 1859, 商務在一九一七年購得版權）、《穆勒名學》（John Mill, A System of Logic, 1843, 商務在一九〇三年出版）、《社會通詮》（Edward Jenks, A History of Politics 商務在一九〇三年出版）、《孟德斯鳩法意》（Montesquieu, Spirit of Law, 1750 Thomas Nugent 英譯本，商務一九〇六年出版）、《名學淺說》（William Stanley Jevons, Primer of Logic, 1863, 商務一九〇九年出版）。

（《勇往向前—商務印書館百年經營史》，臺灣商務出版）

《穆勒名學》上半部在一九〇五年由南京金粟齋木刻出版，一九一七年十一月二十七日由張元濟購得版權，並請嚴復繼續把書譯完。

商務印書館也曾在一九〇四年出版嚴復編寫的《英文漢詁》（英漢辭典），提供讀者另一本研讀英文的工具書。

《天演論》是影響最大的一本書，銷行很廣，從一九〇五年到一九二七年，這本書共印行了三十二版，對當時的知識份子產生很大的刺激與影響（劉學禮，〈達爾文學說在近代中國〉）。後來馬君武等人也將達爾文的《物種原始》翻譯出書。臺灣商務印書館在台刊行北京商務印書館新譯的《物種原始》，列入OPEN系列。《天演論》在臺灣仍然一再發行。

嚴復在一九一〇年曾獲宣統皇帝賜予文科進士出身，並擔任海軍部協都統、資政院議員。一九一二年京師大學堂更名為北京大學校，嚴復擔任首任校長，但到十一月間即辭去校長職務，次年擔任總統府外交法律顧問，發起組織「孔教會」。一九一四年曾擔任參政院議員，參與憲法起草工作。

一九一六年袁世凱死後，嚴復避禍於天津。一九二〇年氣喘病久治無效，回到福州養病，一九二一年十月二十八日病逝，享年六十九歲。

嚴復一生最大的成就是，致力翻譯介紹西方思想，商務印書館全力協助出版，對中國的現代化產生了重大的影響。他所翻譯的書，提倡「信雅達」，以半文言寫作，至今仍然流傳在世。

臺灣商務印書館自九十七年（二〇〇八年）起，推動臺灣商務的文化復興運動，要將商務歷年出版或已絕版的知識好書，重新增修編輯發行。「嚴復先生翻譯名著叢刊」的重新編輯出版，正是為了推介嚴復當年翻譯西方文化名著的成就，同時也希望新一代的讀者能夠重新閱讀世界文化名著，共同創造我們這一代的文化復興。

臺灣商務印書館董事長　王學哲　謹序

二〇〇八年十一月十二日

嚴復先生翻譯名著叢刊總目

嚴復先生翻譯名著叢刊例言

一　嚴幾道先生所譯各書，向由本館出版，久已風行海內，玆特重加排印，彙成一套，並將嚴先生之譯著，向由他處出版者，亦徵得原出版處同意，一律加入，以臻完備。並精校精印，版式一律，既易購置，尤便收藏。

二　本叢刊共分八種，乃輯合嚴先生所翻譯之著作而成，至嚴先生之著作，不屬於譯本之內者均未輯入。

三　嚴先生之譯名，為力求典雅，故多為讀者所不能明瞭，且與近日流行之譯名不盡同；本叢刊在每冊之末，均附有譯名對照表，一面將原文列出，一面將近日流行之名詞，附列於後，使讀者易於明瞭。

四　凡書中所引之人名地名，均分別註明，以便讀者易於查考。

五　書中各名詞之用音譯者，則將其原文引出，以便讀者知其音譯之本字為何。

臺灣商務印書館謹識

譯例言

譯事三難信達雅。求其信已大難矣。顧信矣不達。雖譯猶不譯也。則達尚焉。海通已來。象寄之才。隨地多有。而任取一書。責其能與於斯二者則已寡矣。其故在淺嘗。一也。偏至。二也。辨之者少。三也。今是書所言。本五十年來西人新得之學。又為作者晚出之書。譯文取明深義。故詞句之間。時有所傎到附益。不斤斤於字比句次。而意義則不倍本文。題曰達怡。不云筆譯。取便發揮。實非正法。什法師有云。學我者病。來者方多。幸勿以是書為口實也。

西文句中名物字。多隨舉隨釋。如中文之旁支。後乃遙接前文。足意成句。故西文句法。少者二三字。多者數十百言。假令仿此為譯。則恐必不可通。而刪削取徑。又恐意義有漏。此在譯者將全文神理。融會於心。則下筆抒詞。自善互備。至原文詞理本深。難於共喻。則當前後引襯。以顯其意。凡此經營。皆以為達。為達即所以為信也。

易曰脩辭立誠。子曰辭達而已。又曰言之無文。行之不遠。三者乃文章正軌。亦即為譯事楷模。故信達而外。求其爾雅。此不僅期以行遠已耳。實則精理微言。用漢以前字法句法。則為達易。用近世利俗文字。則求達難。往往抑義就詞。毫釐千里。審擇於斯二者之間。夫固有所不得已也。豈釣奇哉。不佞此譯。頗貽艱深文陋之譏。實則刻意求顯。不過如是。又原書論說。多本名數格致。及一切疇人之學。倘於之數者向未問津。雖作者同國之人。言語相通。仍多未喻。矧夫出以重譯也耶。

新理踵出。名目紛繁。索之中文。渺不可得。即有牽合。終嫌參差。譯者遇此。獨有自具衡量。即義定名。顧其事有甚難者。即如此書上卷導言十餘篇。乃因正論理深。先敷淺說。僕始繙卮言。而錢塘夏穗卿曾佑病其濫惡。謂內典原有此種。可名懸談。及桐城吳丈摯父汝綸見之。又謂卮言既成濫詞。懸談亦沿釋氏。均非能自樹立者所為。不如用諸子舊例。隨篇標目為佳。穗卿又謂如此則篇自為文。於原書建立一本之義稍晦。而懸談懸疏諸名。懸者乎也。乃會撮精旨之言。與此不合。必不可用。於是乃依其原目。質譯導言。而分注吳之篇目於下。取便閱者。此以見定名之難。雖欲避生吞活剝之誚。有不可得者矣。他如物競天擇。儲能效實諸名。皆由我始。一名之立。旬月踟躕。我罪我知。是存明哲。

原書多論希臘以來學派。凡所標舉。皆當時名碩。流風緒論。泰西二千年之人心民智係焉。講西學者所不可不知也。茲於篇末。略載諸公生世事業。粗備學者知人論世之資。

窮理與從政相同。皆貴集思廣益。今遇原文所論。與他書有異同者。輒就譾陋所知。列入後案。以資參考。間亦附以己見。取詩稱嚶求。易言麗澤之義。是非然否。以俟公論。不敢固也。如曰標高揭己。則失不佞懷鉛握槧。辛苦迻譯之本心矣。

譯者自序

不佞於庚子辛丑壬寅間曾譯穆勒名學半部。經金粟齋刻於金陵。思欲賡續其後半。乃人事卒卒。又老來精神茶短。憚用腦力。而穆勒書精深博大。非澄心渺慮。無以將事。所以尚未逮也。戊申孟秋。浪跡津沽有女學生旌德呂氏。諄求授以此學。因取耶方斯淺說。排日譯示講解。經兩月成書。中間義指則承用原書。而所引喻設譬。則多用己意。更易。蓋吾之為書。取足喻人而已。謹合原文與否所不論也。朋友或訾不佞不自為書。而獨拾人牙後慧為譯。非卓然能自樹者所為。不佞笑頷之而已。

目錄

第一章　引論

第一節　名學之術，平日話言思想間

法國著名戲曲家摩利耶。嘗為曲劇一齣。中有約旦其人。以旁人告彼。四十餘年出語。皆為無韻之文而不自知。因大自失。此不足異也。今若告人。謂彼雖不識名學為何等物。而平日話言思想之間。所用名學之器術。如轉詞。如聯珠。如對舉。如設覆。以至類族辨物。比事屬詞。已不知其凡幾。則瞪眙自失者。吾知百人之中。且九十九也。

由斯而談。將彼為既習名學。而為名家者乎。殆未然也。何以知之。蓋雖有學問之人。求其於名學。具明晰觀念者。固不多覯。然彼自能言以來。又必日由其道而不自知。此則近是之說耳。

或曰。夫使其事本不待學而能。則何取於設為學科而教之。應之曰。是又不然。夫由於其道者。非必通其學也。是故人用其術。而能事各殊。程度相越。且不幸多誤。而害災以生。此教與學之所由不可已也。且如是者。凡學術皆然。不僅名之一學而已。譬如衒力技擊之為術。吾且未通其名詞。而或早具其能事。否則上樹踰牆。且所不克。但即此區區之戲術。設欲為之而精。又欲筋力強固。攀轉趫捷。而不至有絕臏顛墜之虞者。則其道取從師。而亦必有事於練習也。

第二節　智識有待於思辨

又況名學為事。重於衒力技擊者乎。何以言之。培根曰。智識者權力也。智識有待於思辨。思而精。辨而明。又有待於習名學。人徒以強力趫捷言。其不如馬鹿虎豹狙猿遠矣。顧雖至弱之夫。使智力足恃者。將有以馴馬鹿。縶虎豹。取狙猿而有餘。蓋以思辨有法。為萬物尤。故劣於始者。必優於終。又能見今知後。籌策無遺。既有以避害以就利。且常智所視為不可以能者。彼或有術焉以達其鵠也。須知雖以螻蟻之微。但使腦力勝人。彼且浸假以人類為奴。而或滅其種類。嗚呼。智力固不重哉。名學固不重哉。

第三節　名學者，思辨之學

夫謂耳目既通之後。則智慧自開。其言固也。顧禽視獸聽。彼豈獨無耳目之用。故具有權力之智慧者。非常智也。格物致知之所得也。人固有終身視聽行觸。於外物若無所知者矣。必無視之以目。而視之以心。夫而後得物之所由然。而於事機將至。能操其術。而俟其時。知所以開之矣。又知所以止之者。且人又烏能無用思。而得失常大異。故名學者思辨之學也。必通名學。夫而後能決思理之無差。而有以照天下之事實。察夫辨言之妄。而不至日陷於過失與危機也。

第二章　論世俗思辨之情狀

第一節　常人揣測，由似求似

語有之曰。前事之不忘。後事之師也。故吾人思忖。大抵執一事之已然者。以概同事之將然。電光忽閃。知將聞雷。以往者雷音。常從電光之故。見黃員之果。知其為橙。而食之無害者。亦以往日見果。與此同形。而吾食之未嘗害也。此雖常法。而昔者澳洲之金鑛。即由是術而得之。其人名哈古里甫。嘗於美之加利方尼為掘金之傭。忽集澳洲。見新南衛之山形。與其所見於加利方尼者相似。竊意外形類者。其內容亦必類也。由是試為開掘。果得金焉。此二地所以得新舊金山之名也。

第二節　以類為推

是為最淺易之思辨。其名曰以類為推。以類為推者。固時時誤。夫使物果類而後推之。是誠無害。不幸物之形類者。其實不必類也。兩果兩菌。有極相似者。常人且以為同物。而其一或食之而益人。其一或嘗之而有毒。菌常如此。夫人而知。即橙亦有形極相似。至剖而食之。又為他果而非橙者矣。故曰為類推難。

人之服氈毳者。以禦寒也。見有用以苞冰。使長寒而不易化者。乃大怪矣。彼方謂事之同者。其得效必同。則氈之苞冰。法當使冰轉熱。而孰意不然。蓋氈之用。非禦寒也。實則服之。使人體之熱不外散。故以苞冰。其用在使熱不內侵。此其同用異功。徒以氈之不善傳熱已耳。每見人家婢僕。於牆爐作火。有極可晒者焉。每欲火旺。則橫庋鐵條於爐炭之間。意謂鐵條有神。能使火烈。歷次驗之。固莫不爾。不謂鐵條。非能爇炭。其能使火烈者。政緣撬炭離鬆。而令空氣易入而已。何則。火燃人活。皆得氣而後能也。

第三節　公例者，據既然之事逆知來者為何

篤而論之。天下之理。惟用事之物真同。而後可期從同之效。此在名學。謂曰因同果同。猶世俗之言種瓜得瓜種豆得豆也。然有難者。在有時莫決其因之真同耳。能決真同之因。非慎思明辨者不辨。方其博考勤求。

政欲知何者必為相從之因果。但使其因既立。無論何時何地。必有是果從之。如此者謂之公例。公例者。所以據既然之事。而逆知來者之為何也。今夫火一而已。乃有時燃而有時不燃。火必無所謂自主之權也。則一燃一否。必有其致燃之故。於是觀而察之。知火之所以易燃者。一必有足用之空氣。二必所燃之薪炭。不溼而為乾。三又必無甚寒之物。遶於其旁。使其熱易散而不得聚。是故前言置鐵杖於爐間。將以為火烈具舉之用者。使為之不知其術。致事效相反者。亦或有之。何則。鐵易傳熱。將使熱散不聚故也。為之而得其術。則以所散之熱少。而空氣開進者多。而火乃致烈。

第四節　內籀者，類族辨物

所謂天然公例。常例一而信驗之事無窮。締一宗之公例。則一科之學成焉。使吾黨思之。將見名學之科。所以教我者。宜有兩事。一則公例未立。必如何而後可以立也。二則公例既立之後。所據此例以推究物理者。宜如何也。則於是有內籀（音紂）之術焉。所以推現至隱。取會散見之事。而通之為一。吾目吾耳。乃至鼻舌、肌膚。由之而知所接者為何物。又由是而類族辨物焉。而得其天然之公例。得此而其事以形。則如雲雨雪霜。霧露雹淞。盡水質也。而皆居於空氣之間。由是知天氣有溼。第使熱度降微。則若前之種種必現。是為一公例。公例隨物隨事而有。不僅於此一端然也。

第五節　外籀者，推知之術

則又有外籀之術焉。外籀者。與前術相反。而適相成。內籀見事物之眾變。而求其為何例也。外籀者。其例既立之餘。問事物之變。當如何也。如此者謂之推知。推知者。執一事之信。而推他事之信也。譬如云溼氣遇冷。必生水點矣。則由是而知。一杯冰水。置之室中。杯外必有凝露。古哲學家嘗以內籀之術。得萬物親地之一例。以月亦近地之一體。故知月亦時時有墜地之勢。驗之天文而信然。或以謂思辨所難。在知公例。故必先討公例。而後學所以用例為推之術。此其說實不然。蓋非先了然於外籀術者。於內籀術固無由明也。

第六節　智識在富於天然公例

智識在富於天然公例。然欲洞識天然公例為何物。必知其所推知者之云何。夫古今建言眾矣。固皆公例之流傳者也。而信妄大異。吾欲徵一例之信否。捨印證事實而外。其道無由。是故方前識哲人之欲標萬物❶親地為公例也。固前知月亦一物。使其例而信。則月亦常有墜地之勢無異。則從而測之。而知其例之果信。且人為內籀時。非借徑於外籀固不可。此其說將於後篇詳之。而今則先發外籀之蘊可耳。

附註

❶ 謂有質之物。

第三章　論何謂外籀

第一節　思辨三轉語

吾人於思忖論辨之事。大抵皆三轉語。此不必筆之於書也。藏於心而默為之。固已逮事。試為譬之。假如夏雨初過。菌生林中。驗其香色。吾知其為蕈也。則其思忖之情。可列如下。曰：

凡蕈皆可食者。

此菌為蕈。

故此菌為可食者。

是三者各自為句。而各直指一事實。其第一為吾心所前知。第二為當前之所見。由是二語。而得其第三。則新獲者也。是故思忖得。則事物無待於試驗而後知。不然。即如所食之物。必每試而後知其可否。如神農然。則遇毒之事。必至眾矣。所幸者此蕈之香色。固可以口鼻而別知。合諸前所知之信例。由此而決當前之物。為無毒可食而無疑。故思忖之事非他。從所前知。以定新知已耳。

第二節　三轉語之剖析

則更進而取前三句而解剖之。以觀其物為何如。是三句者。意義各完。而又各言一事。古稱意內而詞外。故是三者皆名為詞可耳。其第一詞曰。凡蕈皆可食者。句中舉二物焉。蕈一也。可食者猶言可食之物二也。此皆物之名。而常居詞之兩端。上端蕈而下端可食者。故如是之名。於名學皆謂之端。兩端之中。又有其連繫者焉。如為如皆。皆亦為也。持言眾耳。以其綴二名而為一詞也。故稱之曰綴系。此外尚有凡字。都蕈之屬而言之。此為區別之字。與多有太半諸字。皆立限制。以見謂物之多寡。然則其字為指數之徽識而已矣。

其餘二詞。取而析之。不外如是。如云此菌為蕈。則見此菌及蕈為兩端。而為字為之綴系。其第三詞。所新獲者。則見此菌與可食者為之兩端。而亦以為字為綴系。合三詞而觀之。知每端必再見。此菌見於二與三。蕈見於一與二。而可食者則見於一與三也。由是而知。凡為一思辨。必資三詞三端。綴兩端而為一詞。疊三詞而為一辨。此固不可以易者也。

第三節　合三詞謂之連珠

綴端疊詞。不中律令。則以無思辨為思辨。是謂不通。而思辨廢。是故欲思而慎。欲辨而明。必恪守律令而後可。此名學之所謹也。然欲知之至審者。又必講端之異同。而知其幾類。至詞之情性。又有可論別者在也。明端與詞矣。而後乃講其合三之用。合三詞謂之連珠。是故端也。詞也。連珠也。合而言之。則外籀之學也。記曰工欲善其事必先利其器。故言外籀必先講連珠。講連珠必先審詞。審詞在於察端。凡此皆外籀之器云爾。

第四章　論所以為端之名有幾種

第一節　名學為端者，在常語為名

在名學為端者。在常語為名。而在常語為名者。又皆文律書中所言之名物字也。顧一端之中。只看如何湊合。其所用之名物字。實無定數。如今云墨黑。此固一詞。而其中之綴系。隱而不見。以為簡省。而墨是單字名物。黑雖在區別之部。在此為用。又同黑物二字。故亦為名物部之字。如申而言之。當云墨乃黑物。或云墨黑物也。也字函正系於其中。因東方文例。往往以云謂部字。置諸一語之終。故成此種句法。顧此可不論。但識此詞。為用單名之兩端可矣。又如今云。英國之*君王為印度之*皇帝。此又一詞。而兩端皆用二名物。而以之字為之聯屬。（有時之字亦可不用）顧其實一端雖具二名物。只為一物。英國之君王與印度之皇帝。均不得指為兩物甚明。乃今又云。中國北地之萬里長城*乃戰國時燕趙與秦前後用無數人之軀命所締造者。此又為一詞。計三十字。然亦不外兩端。乃字之前為一端。乃字之後為一端。各指一物。初非二物。雖此兩端之中。所用者有名物部字。如國地里城燕趙秦人軀命等字是。有區別部字。如中北萬長戰無數等是。有聯名部字。如之與與是。有云謂部字。如用如締造是。有代名部字。如所如者是。有狀事部字。如前後是。其繁重如此。然一端只是一物。不得以為二物也。故知端之為物。不論字數。但使舉其名而意存一物。或一類之物。皆只一端而已。所謂一類之物者。凡立公名。皆統其類。名人者不止一人。名犬者不但一犬。向使戰國時燕趙與秦前後用無數人之軀命所締造者。不止一長城。則前詞之後端。固公名也。然即此而言。端之可分者。亦有數種。請更明之。

第二節　單及之端

謂立公名。皆統其類。此就常名言之。大都如是。然亦有所指不外一人一物者。如云中國皇帝天津女子公學金山東坡玉帶等名。皆此類也。蓋居今而言中國皇帝。自是今上。無第二人。而後二名。亦皆僅有。故如此之名。例稱單及之端。

第三節　普及之端

雖然。單及之端多矣。而普及之端尤多。如言龍圓。此自所指者眾。非若東坡玉帶。留鎮山門。有一而已也。假如今言。龍圓乃銀銅雜質所成。固謂一切龍圓。莫不如此。依此類推。假如言馬。固謂一切馬。然須知此種普及之端。其所指目者。可從二三以至無窮。譬如今云西藏喇嘛王。此名所指。乃為二人。或為達賴。或為班禪。又如云英國議院。此亦為二。可上可下。吾國今之軍機大臣。則所及者六。至如云恆河沙。或但云沙。此已不可思議。乃至云物質微塵點。則尤屬無窮。蓋宇宙一切各質之物。上自星球日月。下至粒米滴水。皆此極微質點所成就者也。

第四節　撮最之端

雖為單及之端。必有部分合成之體。所以名其全體者。非以名其一部分者也。今如云女子公學。其中有監督。有諸長。有教員。有學生。有執役。凡此皆其部分。必合之而後得全體之名。亞細亞為一洲之名。其中山川湖海國土眾矣。不得獨指緬甸為亞細亞也。故如此者。名學又稱為攝最（最，總也）之端。如星宿宿字。陸軍軍字。營字班字眾字羣字。凡此皆攝最之極為常見者矣。

第五節　攝最、普及二者，慎而勿混

文律曰。公名者一類物公用各用之名也。此誠不誤。普及之端。理同如此。故云軍人。則每鎮每協之中。人人皆是。而云現成中國陸軍。則必合凡所編練者而後得此稱焉。故軍人者。普及之端也。而中國陸軍。既為攝最之端。又為單及之端也。然而同一名矣。有在此為攝最之端。在彼又為普及之端者。譬如言班。自其內容之學生言之。則攝最之端也。自其堂中所有甲乙丙丁各班言之。則又普及之端。是知一端可同時而為攝最。為單及。又有可為攝最可為普及者。學者所必慎者。在於攝最普及二者。勿使混焉而已。

第六節　察名、玄名

以上所論專，公，總，三種之名。初學人略通文律者。即易了悟。其次則名有察玄之異。此於初學稍難。何謂察名。察者著也。蓋所名之物。自在獨存。可以官體相接。或手足挪動如龍圓如屋如筆如人如石如山。凡此皆察著者也。是故為察名。

何謂玄名。玄名者。物德物性之名也。譬言龍圓。則察名也。言龍圓之厚、之重、之成色。則玄名也。言屋察名也。而云屋之高大、之內容、之價值。則玄名也。言筆察名也。而言筆之硬軟、之新舊、之佳劣。則玄名也。他若人之性情容色。山之高度方圍。凡此雖皆可察而知。要皆不能離物自存。另為一物。今夫物之德眾矣。剛柔美惡異。而性秉多互殊。其所以名之為玄者。蓋玄者懸也。物德固不能離物而自立。然可離物以為思。如取附於物者。而空懸之然。故曰玄也。揚子雲太玄為書。即本此義。而周易之六十四卦。自乾坤以至未既濟。舉玄名也。但此義求喻初學。本屬甚難。幸有簡便粗略分別之法在。汝等但記凡物之名為察名。而物性物德之名為玄名。足矣。

第七節　名有正負二義

又名有正有負。大抵物之得名。以其性質。吾之呼此為鐵門者。以其司開闔而以鐵為之故也。然亦有以其無一性質。而得名者。譬如吾呼一山為童山。以其不生草木也。呼一木為枯木。以其不更發生也。他若鰥寡孤獨。皆以有所缺乏而得名者也。故如此者謂之負名。顧此外尚有用正名。而加無不靡欠諸負字者。亦為負名。如化學之金類。則有非金類。如哲學之可思議。則有不可思議。他若無寵不仁無形無用不貞欠通靡鹽諸名。皆為負矣。大抵其名必與正者剛相反對。此正負之義也。

第八節　名有歧義

使一國之言語為完全。則所有之用名。皆當正負並立。如有明字。即有暗字。有飽字即有飢字。然不但中國文字不能跂此。即各國語言。亦未至此程度。此亦由其字不甚有用之故。於是常法。欲用負名。每於正名之前。加一負號。如言便矣。可以其負者為不便。言藍色矣。可云非藍色。言紙。可云非紙。餘皆可以類推。至如常用必要之負名。縱前所無有。而及其時至。其名自生。如科舉未廢之時。仕者皆以此為正途。而號不從科舉進身者為偏途。然則偏途固正途之負名明矣。他日由學堂出身者眾。其非由學堂出身者。亦必有專設負名。以為之別。而不用非不等助詞也。

所可異者。有時一名若有二三負者焉。假如說服。正名也。而有不服無服非服三者。各為其負。而義乃迥殊。不服者。言不從順也。無服者。

言親盡而喪服廢也。非服乃言服式違禮也。然此類實生於名有歧義。遂致紛如。此最為文字之缺短。各國皆然。而中國之文字尤甚。此將於後篇詳之。

第九節　真實負名，其義與正名絕對相反

真實負名。其義宜與正名作絕對之相反。此如言金與非金。禮與無禮是已。然亦有義雖反對。而實比較之辭。如言大小長幼輕重諸區別名是已。蓋大小二物而外。其中尚有不大不小之中等物。故大字真負。當為非大。一言非大。則小而並此中等者。亦在區以別之之列。不得以非小而遂可名大。即如寒熱明昧諸字。皆不可謂為正負之偶。必謂寒為熱負。則須方言一物為寒。其體中絲毫熱度無有。乃為確當。然求之格物。則世間一切。任是如何冷時。其中皆含有熱。雖甚微而不可謂無。然則熱之與寒。特比較見殊。而非反對。此猶孟子說五十步百步皆為走也。常語所謂熱者。非言其物有熱。乃言其物之熱。過於常度。如言有熱。其負者當言無熱。龜毛兔角。世固無此。惟言熱過常度。斯其負為熱而不過常度。言熱而不過常度。目常度之熱。至於不及常度者而為寒者。皆在內矣。故吾黨

聞人言一物不熱。不應即意其物為寒。蓋言者之意。可以其物為寒。亦可以其物為雖非熱然尚未至於寒也。他若貧富貴賤諸字。皆可隅反。此是名學要事。實非故為刻畫。蓋言苟則思紊。思紊則理荒而害生焉。此初學人所必謹之心習也。

第五章　論名有外舉內函二義

第一節　名有內外二義

吾人常語。察名為多。至於小兒野夫。尤為如是。無他。以其較玄名為易知而已。雖然。察名不易知也。夫用一察名。而真知其義之深廣者。非審二事焉不可。一自其外言。則一切為此名之所括舉者為何物也。二自其內言。則物具何德抑若何性質而後得此名也。日者吾於水上。覩異形焉。刳中而拱外。長狹而浮游。上有帆檣。下有柁楫。則識而呼之曰舟。曰、此固以彍風破浪。而載客運貨者也。物之與此。外齊其形。內同其用。為鐵為木。用汽用風。吾皆得以舟名之。今設有問者曰。汝之以彼為舟者何以故。吾或且茫然。已乃強對曰。凡虛中能浮。行水而載物者。皆舟也。由是而知。物之同名。外之必有其形式。內之必有其功能。凡此謂之物德。德者得也。其類之所同得者也。有此德而後有此名。然而天下之舟眾矣。曰新銘曰新濟曰廣生曰海籌曰春日曰印度皇后。總天下之舟。上下千古。吾不知其幾何。皆此命焉。曰船曰艦曰舸。同物而已。

是故名學所謂察端。文律所區為公名。篤而論之。皆有內外之二義。外者何。其所取以加之一切物也。內者何。其所命之物之德也。前曰外舉之義。後曰內函之義。

第二節　內外二義互為消長

名有外舉內函二義固矣。而二者常互為消長。外舉者彌少。則內函者彌多。外舉者彌增。則內函者彌減。此必然之數也。何以言之。請更以舟之一名為喻。夫舟之所舉眾矣。古今大小。鐵木漁商。皆所命也。乃今吾益之以區別之字。曰汽舟。則舍用汽推行者皆不與也。則所舉者雖多。實僅得凡舟之一部分矣。而內函於一切舟德之外。必益之曰用汽。然則縮於外者伸於內也。乃今又益之曰。螺絲輪之汽舟。則外舉者益少。何則。彼夾舷雙轉所謂明輪者皆不與也。而內函之義。則又益之曰。用螺絲輪。外再縮而內再伸也。乃今又益之曰。海軍之螺絲輪汽舟。則外舉者。不及三公司之商船。而天下之舟。非軍用者。皆不與焉。而內函必益之以能戰。外三縮而內三伸也。乃今又益之曰。中國之海軍螺絲輪汽舟。是乃外舉益縮。所命者不外十餘艘。而內函者且大進。凡其陳舊腐敗。皆所函焉。浸假吾乃又區之以北洋。又區之以鋼甲。皆每進而外益縮者內益伸。直至區之以為司令官之坐艦。則外舉者為單及。而一切是舟中之所有。凡與他舟異點者。皆可為此名之內函。使吾與是舟稔。而周知其詳。則一呼其名。而吾心之所知者。咸可同時而並現。是外舉最少者。內函乃最大也。故曰。內外二義互為消長也。

第六章　論文字正當用法

第一節　語言文字，思辨之器

人類能力。莫重於思辨。而語言文字者。思辨之器也。求思審而辨明。則必自無所苟於其言始。言無所苟者。謹於用字已耳。夫字各有義。方其用之也。固為吾意之所存。及其以之語人。無間為言為書。皆欲人之意吾意也。方吾為思。默然冥想。一若無所用於字言者。然而無相合之言與字。以為之用。雖有聖哲。殆不可以思維。至於交談論辨。則無相當之言與字者。尤斷斷乎不足以喻人也。論辨之誤。固亦多門。故孟子自稱知言。歷舉淫邪詖遁四者之失。然而人類言語。其最易失誤。而事理因以不明者。莫若用字。而不知其有多歧之義。此楊朱所以有亡羊之泣也。

第二節　字義之辨

今試舉一常用之國*字言之。夫云國。言者之意。或存於山川城郭之間。有土地焉。為一部人民之所居。此最淺易。雖五尺之童子知之。固不易誤。然有時言國。而其意實舉其聚居之人民種族言之。有特別之風俗。獨立之政教。此常見於報章文牘之間。精而云之。固不得與前之義混也。且其言此。不必有定指之土地疆域。故古之康居安息諸邦。多為行國。國而言行。則其稱人而不稱地可知。至於今日黨派滋多。雖人人皆言愛國。而其意中所愛之國各異。是以言論紛淆。雖終日談辨。實無相合之處也。

第三節　名義不晰，易啟爭端

顧名義不晰。易啟爭端。其事尚有重於前者。即如常語。動言國家。而一國之中。若王若帝。下至宰相諸大臣。如古之公卿大夫士。以其出治。代表全國機關。議決和戰之故。遂若捨彼輩無所謂國家者。方古專制威行之日。且以此名。歸之一君。此法路易十四所以有朕即國家之說也。顧自其實言之。一國之內。非后何戴。非民孰扶。國家原動之力。必合通國為計。田野小民。但能出租稅。能守封疆。便算國之一分子。遇事原可選舉代表。宣達疾苦。然而亦有難者。蓋欲定誰為分子。則必定須如何而後為其國之民人。今假如有日本西班牙等國人。混迹久居中國內地。並未報官移籍。但平時肯出租稅。自言有事亦肯當兵。如此則謂之中國人否乎。又有中國之民。或在海外。或在各口。或由逼迫。或由自願。業已移籍他邦。異日忽歸。又欲享國民種種之利益。東食西宿。擇利而從。如此又謂之中國人否乎。須知此非細事。祇因名實歧混。往往致啟爭端。造成大釁。此所以文明諸邦。於籍法不敢不謹也。

第四節　常俗用字多歧義

至於常俗用字。更多歧義。有時出於引申。引申者。意義牽連。相轉為用者也。如東字本東方也。而今乃成主人之稱。此由坐席以西向為尊。每以位列賓客。而主人自據東向一席之故。如宮字本宮壼也。而浸假乃名一刑。此由刑餘之人。常為宮中使令之故。顧有時兩義絕不相謀。如仁字本言仁愛。或言所以為人之德。乃用之以名果核中肉。果字本木上之實。乃用之以稱勇斷之德。賢字常義。乃稱優等之人。而考工記則用之以名車轂之大穿。武本止戈。乃言用兵之事。而以稱人之足步。鹵本言鹹。乃用之以名儀簿。弄者手玉。乃用之以稱胡同。諸如此類。不勝枚舉。汝等試翻何等字書。上自五雅三倉。說文方言。直至今之經籍纂詁。便知中國文字。中有歧義者。十居七八。特相去遠近異耳。然此卻無妨。且以有益。其無妨者。蓋義本相睽。音相假借。方其出語。聞者可知。既無紊思。自不害理。其有益者。以由此故。文字不至過多。致難盡識。有時滑稽之子。用聲同之字。故意相亂。以作笑資。是謂詼諧。亦無甚害。

第五節　引申之義，相轉為用

至訓詁家所謂引申之義。尚有可言。即云義意牽連。相轉為用。顧必由漸趨潛移。而後成此。此如當今所謂行省。已為統括地土最大部分之名。而其始制。實非分地之名。乃為衙署之號。蓋古有中書省。至元分設天下。如今布政使司。其所統攝者。往往跨郡十餘。由是相沿。即以其地為省。又如案字。本為几案木器。而文牘一宗。或訟事一起。乃稱為案者。此其故可想而知。他如皇帝之稱陛下。宰相之稱閣下。雖因不敢斥言。亦有移物轉人之用。若夫單字文義。引申尤多。但取段若膺說文解字注。郝蘭皋爾雅義疏等書讀之。即知文字流變。大率如此。須自翻尋。不能為汝等枚舉也。且當知此種申轉。各國文字。莫不皆然。如英語彭支（bench）原為長凳。可坐多人。而用以稱一班審判之法官。又如布爾德（board）

原義板也。而用以言一檯之殽食。此猶中國之言席矣。他處則以稱一曹會議之員。此又如中國之稱部矣。

第六節　用名不苟，為治名學第一事

故凡字名。有二三義。難以分明。而易為用思談辨之累。事理因以糾棼者。此在名法諸家。謂之多歧之字。一國文字。雖彼善於此。然總以多歧之字為多。十恆處其八九。欲尋定義無歧之字。除科哲諸學所新鑄名詞而外。殆不多覯。且往往其始雖屬單訓純一。自經無學人販用衒異。而其義遂如游騎無歸。而聽者以意各為之解。歧義因以日出。此如今日之新名詞。如權利義務司法自繇（編者按：繇字指由）等語。莫不皆然。是故汝等既治名學。第一事在用名不苟。即有時與人辯理。亦須先問其所用名字。界說云何。所言始有歸宿。物理乃有發見之時。不然。雖窮晝夜之力。口戰舌爭。猶無毫末之益也。

第七節　用字不慎，歧義百出

有時所用之名之字。有雖欲求其定義。萬萬無從者。即如中國老儒先生之言氣字。問人之何以病。曰邪氣內侵。問國家之何以衰。曰元氣不復。於賢人之生。則曰間氣。見吾足忽腫。則曰溼氣。他若厲氣。淫氣。正氣。餘氣。鬼神者二氣之良能。幾於隨物可加。今試問先生所云氣者。究竟是何名物。可舉似乎。吾知彼必茫然不知所對也。然則凡先生所一無所知者。皆謂之氣而已。指物說理如是。與夢囈又何以異乎。今夫氣者。有質點有愛拒力之物也。其重可以稱。其動可以覺。雖化學所列六十餘品。至熱度高時。皆可以化氣。而今地球所常見者。不外淡輕養三物（氮氫氧）而已。他若空氣水氣炭酸亞摩尼亞。皆雜質也。即今人言電氣亦大誤。蓋電固非氣。而特世間一種力而已。出言用字如此。欲使治精深嚴確之科學哲學。庸有當乎。今請與吾黨約。嗣後談理說事。再不得亂用氣字。以袪障蔽。庶幾物情有可通之一日。他若心字天字道字仁字義字。諸如此等。雖皆古書中極大極重要之立名而意義歧混百出。廓清指實。皆有待於後賢也。

第八節　名者器也，專精之學

自與外國往來。物為前此耳目所不經者日至。產地原名。既所不通。則中國之民。意為之號。而其去實之遠。有足令人失笑者。略舉一二。其最古者莫若火藥。夫火藥非藥也。合硝磺炭三者。以成黑塵。資為燃礮出彈之用。安見病人以此為治療者。何所取而以藥呼之。或謂火藥乃中國所創造。而或以謂不然。吾從後說者。即以其命名之不類主人耳。其次則有槍礮。亦但覩其名。有以決其非中國之產物。何則。槍古謂之厹矛。非虛中出彈之火器。礮古戰以車擲石。亦非火器之倫。所有同者。特拋物空中。用以擊敵已耳。借舊呼新。皆無特立之名字。故曰非其產物也。又降、則有火輪船自來火自來水留聲機諸名物皆言其體用。覺所命名。無一當者。何則。焚薪生汽。汽以轉機。機以推舟。無火輪也。以燐附枝。觸盪生熱。熱甚火燃。若此而云自來。則向之鑽燧。後之敲石。何不云自來耶。筩引泉流。斛高播下。人機之力。所費實多。彼水又烏能自至。又留聲機器。彼名聲書。蓋機之所留者。非聲也。果使聲留。法當常鳴不已。而一周輒止者。蓋始則聲浪高下。留迹錫片。猶之鴻爪。印在雪泥。他日轉針循迹。而聲復作。所留者迹耳。謂之留聲。亦非事實。諸如此類。略舉數端。俾學者知不識其物而命之名。無一當耳。

二百年來科學宏開。新知日出。雖西土舊名。不逮用也。故新名繁興。而率用希臘羅馬之文。會合成字。顧中東無此便也。近取一身而言。一筋一骨。一官一絡。皆有專名。而中文雖盡靈樞素問。與一切醫書之所有。不足於譯。又如一汽機之內。亦部有專名。乃可說制而明用。而中文雖罄考工諸雅之所有。不皆合也。坐此之故。乃濫製新名。如肺之所屬。則曰肺管肺葉。如車之所有。則曰車手車肩。笨拙然疑。展轉相貿。今夫名者器也。以如此不精之器。以求通專精之學。嗚呼難已。此又學者所不可不知者也。

第七章　論名家何以重類族辨物，並論為此之術

第一節　辨物舉類，必見物之所同

前於第四章第三節。已言有種名物之字。所命者不止一物。實命多物。或於此多物之中。隨舉其一之名。如人字。其所命者。自有人以來。至於後世。不知凡幾。任舉其一。皆足當之。此種名物。在名學謂之普及之端。今將又謂此種為一類物之名。不過言此之時。宜知類字之的義耳。

吾黨之辨物舉類也。必見其物有所同者。夫而後以為類。而由是得總舉而思之於吾心。石灰、雪、粉、紙、霧、牛乳、浪花、蠣牆、荷花、珠、大士之衣、豆腐。之數者之為物。亦繁殊已。顧有一同者焉。則皆白也。純鋼、玉、犬牙、金剛之石、善為守者之國、隆寒之冰。之數者之為物。又繁殊已。顧亦有一同者焉。則皆堅也。於是統其類而名之曰。是白物也。曰。是堅物也。然此二之為同。皆僅一而已。白言色也。堅言德也。若夫他之舉類。所同者恆不止於一端也。

如類一宗之物而名之曰筆。其所舉者。有羊毫有紫毫有狼毫有兼毫有

雞毫有猩毫有鼠鬚有大字有細楷有蟹爪於古有散卓有栗尾有棗核。此其異焉者也。然而有同者焉。曰蘸墨。曰以書若畫於紙素之間也。

第二節 執簡御繁以為喻

能類一宗之物而無誤加以公名而為確當之觀念者。其為事雖淺至有用也。蓋物惟有所同。則自其同者而觀之。凡信於其一者。將信於其類也。吾辨而類之。得其所同之德矣。又考其所同之度數焉。則所知於此類之物者易為識。而又便於思維。何則。以隱栝而簡易故也。是故方其無此。乖離分處。不合不通。而吾乃物物之為念。自其為此。道通為一。所有事者。居乎至少。而吾之智識。乃居於至多。惟執簡者能御繁也。請設至淺易至簡單者以為喻。方吾之類白物而加以一名也。知白之為事。光為之也。故凡光之所為於其一者。必如是為於其他。竹布、雪、石灰、雲、瓷。之數者其於他相皆至異。而獨於受光之事。則莫不同。日者曉雪方晴。吾行田間。覺白光爛然。使吾生眼纈。而難忍也。則知日光方麗。行乎灰礦之中。與行乎廣場。有竹布之曬者。吾目之纈而難忍。必相若也。且又悟欲光回映者。於法色當用白。則救室之暗者。其上之承塵。其旁之四壁。法宜用蜃。或表以白紙。髹以白漆。無疑義矣。一室開窗向牆。欲其無幽。則牆之面必用白。且光之於熱。同射者也。故用白不僅使光四射也。且可使熱四散。則長夏之笠與衣。欲減受日熱者。宜用白色。又以明已。熱帶之屋居。其瓦用白。或以灰墁之。而室中之熱大減。知此例也。夫區區一例。曰白色有迴射光線之能。而推之有裨於人事乃如此。顧其始則知類白為一物為之也。

第三節　動物植物，科學分類

有種科學。專以分類為長。如動植二科是。是二科之學。其於草木禽蟲。分之最有條理。而無遺憾。故能使其學大進。非古人所夢見者。蓋世間有生之物。不可計數。向使無此。而物物求之。斷為無益。惟類居族處。而後物之情性。與其功用。可得而通也。則如草類。其中實包凡穀之屬。如麥如稻如稷如粱。乃至丈餘之修竹。數尺之甘蔗。皆此類也。使其人於植物一科。但為數年功夫。將一物來前。即知其為草與否。人獸之食。大分皆從草出。而植物家亦謂。即所經歷而論。凡草無有毒者。故使我輩入窮山異島之中。草木新詭。不知何者可以充饑。但採草實食之。自然無害。此外有一宗植物。為羅白利亞屬。❶必不可食。因其中大半有毒。食之殺人。僅有數種。可用為藥故也。又有一宗。為唆拉納思屬。往往矮叢白花。結為丹實。食之亦死。精於植物者。視而可識。自不至誤犯。而又知教人謹避之也。

第四節　寓德、常德

植物如此。動物亦然。譬如人之一類。其函德至夥。如有學醫之家。深治解剖之學。則凡人身。骨筋肌肉腦絡將一一皆知其形式與所在。此其所同者也。然人與人比。固亦有相異者。但此非常德而名家謂此異者為寓德。寓者偶也。偶然在形。而非其常者也。然而官骸藏府。人身機體。雖有大小強弱之殊。顧其分部。一一在所必具。故如是者。謂之物之常德。又如化學原質。一一皆有可指之常德。假如治化學者。見一透亮之物。如水精然。加以試驗。知其物為灰炭養所成。則知此物若遇諸酸。當何變現。亦以深悉灰炭養之常德無遺已耳。

第五節　欲名物類，審諦為真

欲名其物為一類者。最忌審諦未真。徒取粗形。而以不類者為類。物固有形極相似。而實非一類者。鯨、鱘鰉、河魚、之屬。生於河海。固極似魚。而人即以水族魚類呼之。故字多從魚。而云漁鯨。顧諦而辨之。其物與魚類絕殊。直與犬馬牛羊為近。故鯨鰉等物。不能久伏水中。如他魚類。以有顋鰭。能食水中之氣。必時時出水呼吸。如諸獸然。使此等而可為魚。則蝙蝠亦當為鳥。蝙蝠雖有兩膜。可以鼓風夜飛。而不可謂翼。其物尚與鼯鼲等近。而去鳥則遠也。古之植物家。嘗以體幹大小。部居草木。有喬木灌叢蔬草之分。顧不知天下固有參天拔地之植。而下與小草同為類者。英國藤莅。以形質言。與蘇格蘭牽牛極不相侔。而植物家以為類矣。凌雲修竹。流液甘蔗。以其實言。則皆草屬。與麥莠諸物同為類耳。

第六節　類別之事，無窮盡也

類族辨物之事。有大有小。蓋分之中又有分焉。大分之相似少。而小分之相似多。如前舉白物為類。其中有極不相似者。但知其白而已。乃今又分之曰。有凝質白物。有流質白物。則石灰之白。與牛乳之白。區以別矣。名學謂大分為類。謂小分為別。流凝二者。皆白類之別也。假如以屋為類。則人居之屋。乃為一別。且有時別又可自為類。而別之中。又有別焉。如人居磚屋。乃居屋之別也。又人居磚屋。有西式中式之殊。則人居磚屋為類。而西式人居磚屋。又為別矣。且其中又有新舊。又有大小。又有平建層樓諸分。是展轉類別區分。可無窮盡也。

第七節　區分物類，有時甚難入手

類別之事。看似容易。而實甚難。往往一大類之物。欲為別分小部。不知從何入手。常法但取其及見而便事者以為分。譬如分小舟。則取用汽用帆用槳用篙。而任重之獸。則云牛馬騾駝驢象駕鹿等。又如家有藏書。則分經史子集之類。但用此法自名學規則觀之。往往必誤。故曰難也。

第八節　若以意為分，輒無定理

蓋如是為分。不獨多所遺漏。其大弊在多雜廁而相掩入也。中國隆古之人。已分一切物為五行矣。五行曰金木水火土。意欲以此盡物。則試問空氣應歸何類。或曰空氣動則為風。應作屬木。易巽為木。而亦為風。則吾實不解氣之與木。有何相類之處。又鑛質金石相半。血肉角骨。自為一部。凡此皆將何屬。且使火而可為行。則電又何為而不可。若謂原行不收雜質。則五者之中。其三四者皆雜質也。是故如此分物。的成囈語。中國人不通物理。五行實為厲階。

其雜廁而相掩入者。則如有人。將一國之人。分為男女、老、少、瞽、跛、喑、聾。此其無當。雖三尺童子。猶或知之。蓋男女各有老少。而瞽跛喑聾之中。又各有男女老少。瞽或兼跛。喑者恆聾。如此則一人必各部並收。如今之兼差候補而後可。又何事於區別乎。又如書籍。為之部居最難。往往手持一書。不識當歸何部。韓詩外傳。春秋三傳。亦史亦經。孟子何以非子。詩經何以非集。凡此皆以意為分。羌無定理者矣。

第九節　若據見聞分之，早晚必廢

至於遺漏。尚有可言。假如人為區分物類。而但據其所聞見者為之。則其分法。必早晚廢。蓋天地本無盡藏。新者方日出不已。將按其所分之部。無可收也。今如分負重之獸。為牛、馬、騾、驢、橐駝、象等。則北方之駕鹿、駒駼。與南美之瑯𤚍。西藏之犏犛。皆無處焉。又如分小舟為用帆用汽用槳用篙。則小舟固有用人力明輪。有用縴。如古稱百丈。亦有全用潮汐之力。於人力汽力風力。一無所資者。況今日用電催舟者。方興未艾乎。

第十節　類族辨物，首先肇立正負二別

凡此諸弊。皆可以一法袪之。其法欲區分一類之時。當下只可肇立正負二別。已乃將其負者再分。法亦同前。如此則前此所指諸弊。皆可袪矣。譬如吾欲將室屋一類。分立為別。吾云室屋有磚造者。有非磚造者。此既苞舉無遺。而人不能指吾為誤。理甚明也。即使吾於多種室屋。未盡見聞。然知有之。非此則彼。無由遁也。此法與同時而並舉多門者大異。其並舉多門者。如云居室有磚造有石造有泥有木有鐵。自以為盡其類焉。然澳洲之屋。制用木皮。亞斯吉摩以雪為屋。廬幕用氈用布。他若用紙用玻璃。皆意中事。且子又安知他日不以金銀建屋耶。惟吾於一時。僅立二別如下。則此弊吾知免矣。

- 屋有
  - 非人所居者
    - 有非磚造者
      - 有非石者
        - 有非木者
          - 有非鐵者
          - 有鐵者
        - 有木者
      - 有石者
    - 有磚造者
  - 人所居者

惟如此立別。就令有新出之物。為吾所不及知。亦已為最後負別所苞舉。如有居屋。非磚非石非木非鐵。然必在此最後所別出而未分者之中也。

第十一節　其次層層作牽連

即使吾分一切物。為凝質與非凝質。世間萬物。必為所包括而無遺。而亦無有物。可兩屬者。何以言之。蓋即云物之為凝。固有等差。物如粔籹餳膏。固非凝質。而亦非流質。雖然既非堅凝。自當列之非凝之中。如欲再行立別。可於非凝之中。提出濡黏一種。而以非濡黏者為之負而此非濡黏者。又別其為流非流。非流一種。又別其為氣非氣。如

- 物質
  - 非堅凝
    - 非濡黏
      - 非流
        - 非氣
        - 氣
      - 流
    - 濡黏
  - 堅凝

但視所作牽線。便知流質與堅凝濡黏二者。絕不同物。而氣質一類。乃自非堅凝非濡黏非流質而來者也。是故如此為分。一任如何。固未由誤。知世間物質。無論何等。必在所分之中。就令有一物如茵陳勒勃。但韌不濡。於已列四種。無可比附。而最後負別。猶為之地。不至遺也。

夫如此分別。取徑似迂。顧求無失。別無他術。所有各科學。從類得別。其無誤者。大抵暗用此法。特不層層作牽線耳。

第十二節　名家論部別內涵之義

方吾取居屋。而別為磚造之時。問吾所為。果為何事。夫以物之多寡為論。則磚造者不過居屋之一部分。自以居屋為多。而磚造者為寡。以此外尚有土木金石所造者不在內故也。故名家謂部別外舉之物少於大類。此甚易明。然自內函之義言之。則其事反此。而大類常少。部別常多。譬如屋為大類。而磚造者為之部別。吾於此一別之物。所知者實較諸大類為多。以知其為屋之外。又知其必為磚造。故名家曰。部別內函之義多於大類。此亦甚明者也。（外舉內函皆第五章第一節所論）

第十三節　析物之德——界說

是故物同為類。而別之所以為別者。以其有特德也。特德謂之差德。其所以名差德者。以類之德。與別之德。二者相較。以是為差較故也。譬如室屋為類。而磚造室屋為別。室屋之德。與磚造室屋正同。異者特磚造耳。實而言之。則取類之內函。而再加之以差德。斯成別之內函也。又曰、以差德加類。斯成一別之界說。

界說者。析物之德。取而陳之。於以成一類之界也。界說善者。必與其所界之物相盡。不出不入。故欲為辨。善辨者。必界其所辨之端。然而往往不易。試以最易者譬之。如云磚造室屋。為之界說。則曰磚造室屋者。室屋之造之以磚者也。又界室屋。則曰室屋者。屋之居人者也。又界屋。則曰屋者建造品而有以劑天時保人物者也。如此將見。逐層皆舉其類。而以差德益之。此界說之所由成也。

第十四節　界說非能盡舉

雖然。物即一類。其為德眾矣。非界說所能盡舉也。一類之中。有相異者焉。此有彼無。為界說所必不得舉者。譬如人有長短妍媸黔皙。此形之偶然者也。屋以磚造。而磚有白有赤有青有灰色。此色之偶然者也。偶然者。謂之寓德。界說例不得及寓德也。且不止此。一類之物。同點甚多。且亦徧有。此亦界說所不能盡舉者也。人有髮眉。獸有毛尾。莫不同也。然而不可以入界。如是謂之常德。如磚造室屋。其常德為耐久。香蕈之常德為可食。草之常德曰無毒。雖然、以之入界。必失出矣。

第十五節　類物作界為名學一大事

由此觀之。學者當知類物作界。是名學之一大事。而即為吾心思辨之一大事也。何以故。蓋界說審。則一切物之常德。往往可推而知也。兩間之物。為吾所遇。非樊然淆亂者也。恆以理而並著焉。相從焉。此於形學幾何之書。大可見已。界說曰。三角形者。三邊之直線形也。直線形為大類。其中三邊而外。尚有四邊。有五邊。有多邊。而此以三邊獨著。然而自知其三邊。則一切三邊之常德。皆可推焉。如兩邊之和。必大於第三邊也。三角之和。必等於兩正角也。分邊三線。至於尖點。或平分正交本邊之三線必集於一點也。此外尚眾。可就幾何學求之。凡此皆三角形之常德。又平圓之界曰。平面形之界線。與一點作等距。曰平圓。其淺易如此。顧平圓之常德。則不知凡幾。有為形學諸書所未能盡者矣。

附註

❶「羅白利」為英王雅各第一之植物師發明此種，故名。

第八章 論詞句

第一節 詞之體用種別

前六、七章。大抵皆論端名之體用義例。學者既已粗通。便可更論詞句。夫詞非他。如第三章第二節言。即取兩端名物。而以綴系離合之云耳。蓋名學所謂詞。即文律所謂句。語必成詞。而後有是非然否之可論也。假如有人。若戰國策所載。見靖郭君。僅說「海大魚」三字。而走。此必無人能知其所欲言。而加是非然否之說。必如云「海大魚乃可取者。」斯有人焉。一聞其語。可決其是非真妄。此所謂意內詞外。而出語成詞者也。然則欲通名學。又不可不研究詞之體用種別明矣。

即以前詞為譬。此詞以兩名物為之兩端。了然可見。一為海大魚。海大魚猶云海中大魚也。一為可取者。可取者。猶云凡可取而得之物也。可取而得。乃物之品德。兩間物固多可取而得者。亦有必不可取而得者。有體如日月星。無體如夢想意念。皆不可以取得也。前詞所云。乃謂凡海中大魚。皆具可取之品德。無一不可者。又如云「圜法用金類。」此一詞亦謂用金之事。盡一切圜法。莫能外者。方其言時。前詞之意。主於海大魚。後詞之意。主於圜法。是以謂之詞主句主。在尋常句法。大抵先出者即詞主也。其次。則必審句中之綴系。前詞之綴系。明在乃字。後詞綴系。隱於用字之中。然皆易見。得綴系。而海大魚合諸凡可取之物。圜法合諸凡用金類造成之物。故綴系如媒妁然。所以聯合二姓使成一家者也。顧吾言一物者。將於其物有所謂也。前詞以可取謂魚。後詞以用金謂圜法。是故名學以一詞後端名所謂者。因西語「布理狄桀。」此出辣丁（編者按：辣丁即指今之拉丁）。即云所謂二字之意。由此言之。凡一成詞。必存三物。句主也。綴系也。所謂也。千殊萬詭。不離此三。雖隱現長短。各有不同。轉而明之。莫不具此。

泰東古昔言語。必皆以綴系云謂字。置之詞句之末。故至今日本尚然。而吾國古書。如論語之雖多亦奚以為。莊子之技經肯綮之未嘗。其句法皆此例也。往往語助。皆當日之云謂虛字。用之既久。遂若但有然疑之意。而無可說之實。至於也字。則必為綴系字無疑。其異於西文者。特用於句終而已。如云蕁可食之菜也。俎豆所以祭祀者也。此其句法。與前節所舉兩詞正同。不得云不見乃為等字。為未成詞也。且有時也字。即用於兩端之間。則尤明瞭。如柴也愚。參也魯。柴也其來。由也其死。皆可證矣。

第二節　觀詞法

研究一詞之蘊。尚可變一說而為之。顧其所得。將與前者正等。譬如云海大魚乃可取者。圜法用金類。即知世間可取者。不僅海之大魚。用金類造成者。不止圜法。方其言時。如云世間可取之物甚多。而海魚乃其中之一部。世間用諸金造者亦無數。而圜法為其一也。假如吾有大能力。盡一切金造者而聚之一方。則求錢幣圜法者。必於是中求之。至於其外。不可得也。又能區凡可取者而積之一洲。則欲大魚者。亦必向是洲覓之。何則。是洲而外。以吾神力區別。皆不可取者之所居故也。是故名家言句主為一小類。而詞之指意。乃言其必藏於所謂大類之中。此又一觀詞法也。

第三節　詞之要素——句主、綴系、所謂

句主、綴系、所謂。之三者為一詞之要素原質。固矣。然在常語文字之中。則多隱括而少顯露。多顛倒而少平敘。此在學者隨地察義。知其孰為句主。孰為所謂。而後詞之義蘊。可得而言。如云大哉孔子。死矣盆成

括。是皆所謂在前。而句主在後。何則。孔子居一切大之中。而盆成括居一切死之中也。且此不獨我國言語文字為然。其在西文。更多有此。如云受福哉解仇者。有力者真理。讀此二詞。即知受福固不止解仇之人。有力亦不止真理一物。然則所謂先而句主後矣。至於綴系。更多不必聲明。如鳥啼、花落、魚躍、鳶飛之屬。皆無綴系。然八字四句。各成一詞。引而申之。則云鳥乃方啼。花為方落。魚乃躍物。鳶為飛事。必如是言。顯則顯矣。而如文字冗沓何。辣丁希臘文字。能以一字成詞。如云阿摩。即云我愛。而凱撒至英略地後。作三語曰。文尼、威諦、威西。即云我來矣。我見之矣。我勝之矣也。名家析解其詞。知三語之中。一一皆有句主。皆有綴系。皆有所謂之端也。學者可類推已。

第四節　詞有正負之別

詞有正負之別。以上所論。皆正詞也。前謂綴系乃所以離合兩端。正系既所以為合。則負系乃所以為離。如云大哉孔子。此合孔子與大物而為一也。又云武王非聖人也。此離武王與聖人而為二也。故負詞指意。乃言句主與所謂。判然二類。絕不相謀。譬如云。瓷器非可焚之物。吾之思想。方存二物。一為瓷器。一為可焚之品。而判瓷非可遇諸薪煤膏紙之鄉。假使吾為陳列所。以聚瓷。則其中必不數可焚之物。又若索物為爨。則瓷器必無所資。凡此皆即前一負詞。而可推其如此。故曰離二類之物也。負詞必用負系。或用負名。若不。若無。若非。若未嘗。皆此志矣。

第五節　有待之詞

詞之以正負分者。大抵視綴系。顧詞之可據以為分者。實不止此。今先言有待之詞。有待之詞。假設之詞也。假設者。言必一事先見。夫而後其事見也。如云。使爾多財吾為爾宰。言吾為爾宰。必待爾之多財而後然也。又富如可求雖執鞭之士吾亦為之。言吾之執鞭。須富之可求而後為之也。又如云水沸則爛人。此亦有待之詞。言其爛人。待沸而後爾耳。綿堅則不暖。此又為有待詞中之負者。意謂暖本綿德。今若暖與綿離。必俟其堅而後爾。有待之詞。大抵有如、使、設、假等字居其前。或惟用則字斯字。❶為第二句之首。然此類之詞。於名學實無大用。因句句皆可換作正負常詞。義與正等。如云堅綿不暖。沸水爛人。可求之富為執鞭。多財之爾吾為宰。凡此皆常詞矣。

第六節　析取之詞

其第三種。則有析取之詞。其中用或、抑、有、若、諸字者是。如云。電光之發有成片者或分枝者。二線成角有鈍有矩有銳。此等之詞。句主一而所謂二三。其所以謂之者猶未定。特不出此二三者。故名析取。此種之詞。於思辨甚關緊要。而比前諸詞為難明。須俟演連珠理法明時。方可類及。今姑存目。學者知有此類可耳。

第七節　統舉之詞

前謂詞有正負。然而正負不足以盡天下之詞也。蓋正則盡有。負則盡無。正則皆合。負則皆離。而有無離合之際。又有其介焉者。如是詞之量數出焉。而所謂之於句主。指其一偏。而非其全體。今先言其量數之最大者。如云空中之雲乃水之微塵點。此固謂一切雲氣。該諸微塵水點所結成者之一族。而物為微塵水點所結成者。則蒸汽也。霧也。浪花也。煙靄也。皆是也。故如是之詞。以量數論。名家謂之統舉之詞。以其所謂之事。乃該句主一類言之。而無餘也。

第八節　偏及之詞

又如吾言。人有生而聾啞者。則此詞之量數。為偏而不賅。以人類不盡生而聾啞。詞中有字。固偏舉人之一部分而言之。而生而聾啞。亦僅謂此部分而止。故如是之詞。名家以為偏及之詞。他若云。支那人少能作俄語者。抑云日本人多旅行。又如云有書僅為檢考之用。颱風將起。往往以天氣表之降落先之。諸如此類。雖所指多寡廣狹不同。然皆不盡句主之物。而留餘地。是以皆偏及而非統舉。統舉有正負。而偏及亦有正負。此甚易曉。如云井水有不可飲者。則偏及之負者。其偏及以有字。其負以不字。合前統舉之正負成四種詞。曰統而正。曰統而負。曰偏而正。曰偏而負。

第九節　統舉正詞——句主為盡物，所謂非盡物

凡為統舉之詞。其句主用一公名。必苞其類。如云。人皆有死。人字

統舉去來今三世之一切人言之。故名家以如是之端。謂之盡物。然而言人皆有死可也。云有死者皆人不可也。世間草木鳥獸蟲魚。舉凡含生之倫。幾於莫不有死。不獨人也。故名家於如是之端。謂之未嘗盡物。人為一類。有死者為一類。有死者之類。容人而有餘。人之為類。概有死者而不足。是以統舉正詞。其句主為盡物之端。其所謂則非盡物之端。此初學者所不可不謹為審別而默識之者也。

節十節　用圜以明所舉名物

詞有兩端。其所舉名物。皆可用圜明之。此為關門捉賊之法。如第一圖。以有死之物為一大圜。而人類為一小圜。即見以大容小。是人皆在有死者之中。而莫能外。而有死者捨容人一類之外。尚有餘地。以容他物也。此圖立。則心之所知。即為目之所見。於初學甚便。此後他種詞句。請皆用此法明之。

第一圖

第十一節　統舉負詞——句主為盡物，所謂未必盡物

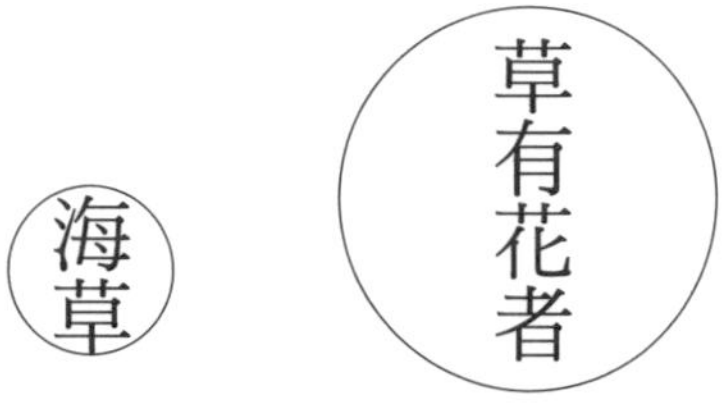

第二圖

將欲論統舉負詞。試取一語為喻。如云海草無作花者。又試為之解析。海草為句主。言者之意。固該其類言之。然則此句主之為盡物。乃無疑義。而後端所謂乃作花者。將此亦盡物抑為不盡物者乎。欲為解決。須視言時。曾審一切有花之草與否。假使一有花之草。未經閱視。而又生海中。其說立破。故使其說而信。則云海草不花。猶云花不海草。是以二類常離。花不得入海草。海草亦不得入花。然則此詞所謂之端。亦盡物矣。

第十二節　用圜以明統舉負詞

前節之理。用第二圖明之。一圜為海草。一圜為草之有花者。向使二圜有交掩處。則知有物一身而居二類之中。既為海草。又為有花。得此則前詞為妄。然使前詞果信。將二圜離立。必無交掩之處。如第二圖焉。故名家謂統舉負詞。句主與所謂兩端。皆盡物者。此又初學人所當牢記者也。

第十三節　偏及正詞——句主與所謂皆不盡物

至於偏及正詞。其兩端皆不盡物。自無難知。譬如云、豕有白者。其句主豕。自不盡物。以所言者。僅及豕之一部分而已。至於下端白者。乃詞中所謂。亦不盡物。因必無人言天下白物。盡於此一部分之豕也。故此詞申而言之。直如云、豕之中有白色物。白色物之中有豕。故曰此種之詞。其兩端皆不盡物者也。此外如云。士有不得志。六朝文章多靡靡。唐朝城闕猶有存者。才人多跅弛。無勇之人喜為暴虐。凡此諸詞。皆可以此例類推之。

第十四節　偏及負詞——句主雖不盡物，所謂為盡物

最後則有偏及之負詞。如云玫瑰有不香者。此其句主。不盡物如前。可無俟論。而下端香者。則必盡物。蓋吾所言此部分之玫瑰。舉不存於香物之中。假香物之中。尚有此物。則吾言為妄。此如云、此種玫瑰。盡天下香物中。求不可得。故曰、偏及負詞。句主雖不盡物。而所謂之端。則

又為盡物者。此其辨也。

第十五節　深論偏及之詞

偏及之詞。尚有可以深論者。但若用圜如前。則往往易誤。且此不獨用圜之在形迹為然。即在思忖言論之中。亦往往多誤而不自知。此又學者所宜早了者也。譬如吾云。菌有可食者。人之聽之。將謂吾言外之意。亦謂菌有不可食者。此其揣測固當。然則吾為此詞。殆同兩詞。語其正者。其負者已存言外。是誠詞章家之妙。所謂微詞。所謂絃外之音。所謂手揮五絃。目送飛鴻。法多類此。特不如是之簡易耳。

雖然。此法常為研究真理者之所忌。蓋名學之事。必取顯而有據。言外臆測。恆苦危疑不根。而為辨家所駁斥。如云。菌有可食者。只言有菌可食之實。至於餘菌之可食與否。乃在未定之天。且研究事理時。知其偏部。而不知其全類者眾矣。如吾言犬有為狼所傳演者。此固極確不可復搖之詞。而此後研察益精。凡犬皆為狼種可也。而亦有非出於狼。演自他獸者。亦無不可。而吾之前言。固自信也。又如吾言金類有可焚者。聽者不應即設意想。謂其中有不可焚者。又如云人類多能啼笑。聽者亦不應設

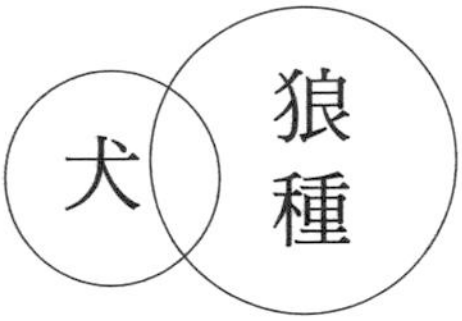

第三圖

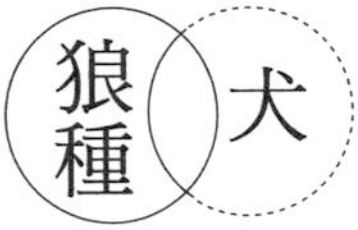

第四圖

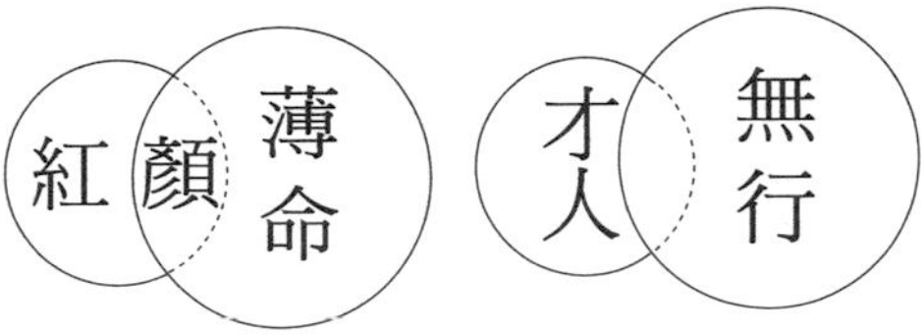

第五圖

想。謂人類有不啼笑者。抑皆能啼笑也。誠以考物難周。而事變無窮。哲者恐為不智之言。故常慎於一概之說。方其言偏。固可以全。而亦可以不全。吾黨據其成說。只合如可而止。不可遂生妄見也。

第十六節　用圜以明偏及之詞

將用圜以明偏及之詞。則其法宜何如。今試用第三圖。作兩圜互掩。以喻有犬為狼種之一詞。此其弊與前言正等。蓋據圖觀之。犬圜有在狼圜內者。有在狼圜外者。此無異云犬有狼種者。亦有非狼種者。是一詞而正負並舉者矣。故欲免此弊。所作當如第四圖。其犬圜在狼圜內者作實線。其在狼圜外者則作虛線。實線在內者。見有犬之為狼種也。虛線在外者。見此外之犬。是狼種否。尚未定也。

假如為偏及之負詞。則反前術用之。其實線當在外。而虛線乃在裏。如云才人有非無行者。紅顏有不薄命者。據術如第五圖。見無行之外有才人。薄命之外有紅顏。至於無行與才人。薄命與紅顏。是否相合。則置諸未論未議之列而已。

附註

❶ 如朋友數斯疏矣。

第九章　論調換詞頭之法

第一節　詞雖異式，其理實同

詞以正負偏全。互分四種。既於前章說其義蘊矣。則今試論轉換詞頭之法。蓋詞如坯埴隨模作式。模式雖異。坯埴則同。而調換詞頭者。亦詞雖異式。其理實同也。譬如人云。凡圜法皆金屬所造。亦可云無圜法非金造者。又可云捨金造而外無圜法。凡此皆語異實同者矣。如第六圖。

第六圖

第二節　統舉正詞亦可轉為負詞，其義不改

若用圜為解。則金造之品當用大圜。而錢幣圜法。宜用小圜。以金造之品。不止錢故。圜以內為金造者。圜以外為非金造者。則錢幣既括於小圜。將此小圜。必全在大圜之內。無在外者。若其任外。是云錢有非金造

者。詞之所指。不如是也。故云圜法括於金造一圜之中。即無異云。金造之外無圜法。此是將統舉正詞。換作統舉負詞。而義不改。且由此知統舉負詞。亦可轉為統舉正詞。而義亦不改。如云世間無物非有用。即云世間物皆有用。即云世無棄材。特繁簡異耳。如此調換之法。看似極易。然初學者。不妨練習。使之熟而無誤。於後節所言。皆用此法為之。入後自有用也。

第三節　簡捷轉頭

詞有兩端。故轉換詞頭。得以舊之所謂。為新之句主。舊之句主。為新之所謂。如是新詞。其對於舊。名曰舊之轉頭。然須知原詞雖信。其轉頭固未必信。如云凡人皆有死。信也。謂凡有死者皆人。妄也。獨吾云廟宇有木建者。其轉頭云。木建者有廟宇。則二詞皆不妄。而義亦相等。此乃最簡易之轉頭法。言簡易者。以其但取互換。不俟另添字法故也。由是而知。凡偏及正詞。皆可即轉。此外則統舉負詞。亦可即轉。如云中國朝代無歷祀千年者。即可轉云。歷祀千年。無中國朝

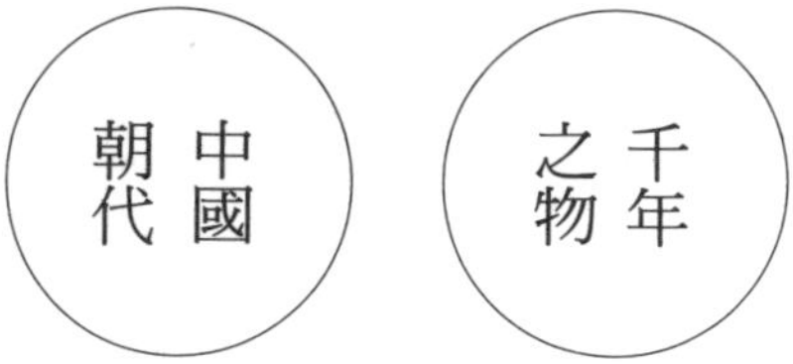

第七圖

代。二詞皆信。蓋如用圜。如第七圖。二圜既已分立。則其中所包舉之物。彼此相無。孰為句主。孰為所謂。義正等耳。

第四節　限制轉頭

統舉正詞。不能直截轉換。已略言之矣。如云凡鱗介皆動物。此言信也。今轉之云。凡動物皆鱗介。則笑枋矣。此其理於前章第九節。固已發之。蓋此等詞頭。其句主盡物。其所謂未嘗盡物之故。方吾言凡鱗介皆動物也。篤而言之。當云凡鱗介為動物之一部分。由是轉之云。動物之一部分為鱗介。則自然不差。惟是言語習慣。往往於下端不加限制字法。或全或偏。皆不標示。而聞者自知。故今作轉。必須標出。如云凡鱗介為動物者。轉頭當云有動物為鱗介也。前為簡捷轉頭。此為限制轉頭。又知凡統舉正詞。轉之則成偏及正詞也。

第五節　欲辨名學，先治西文

聞者將謂。使名學所論。而但如此。則亦易曉。有何疑難。必治此學乎。不知即此易曉。常智誤者甚多。且將見吾國之文字語言。以之事精審致知之科。非大加釐訂改良。有萬萬不可用者。即如上節所用動物二字。此出周禮。與植物之名對峙。草木謂之植物。鳥獸魚鼈昆蟲。謂之動物。此其沿用蓋久。至於今且據以分科。似無錯誤矣。而孰知有大謬不然者。蓋其始常識之人。見一切諸蟲。❶其異於他物者。在能自動。以其習慣。遂云一切諸蟲皆為動物。嗣後但見自動之物。則皆指為一蟲。於是轉換詞頭。又曰凡動物皆為蟲。不知實大謬。何以言之。緣不獨草木之中。有觸癢之木。有捕蠅之木。及一切異屮詭卉。其能自動。幾無異於諸蟲。而此外尚有微細黴菌。須持顯鏡。而後可察者。其往來騰躍。亦無異小蟲焉。夫黴菌小草木也。而能自動如此。然則動物之名。殆非有毛肉口竅者。所得專用明矣。況其事不止此。今若取泥埴沙礫之極微。置之新降雨水之中。試用有力顯鏡窺之。將見盪決往來。無殊孑孓。此亦自動之物。亦將以為蟲乎。是知以諸蟲為動物。與以動物總諸蟲者。於名皆無有當。夫動植至大之名也。而其不可用如此。是以不佞常戒後生。欲治物理稍深之科。為今之計。莫便於先治西文。於以通之。庶幾名正理從。於所思言不至棼亂。必俟既通者眾。還取吾國舊文而釐訂之。經數十年而後。或可用之。豈得已哉。嗟夫。此於知者不待言。於不知者雖言亦無益。而吾國教育。由今之道。無變今之俗。所可決無大效者矣。

第六節　轉換繁簡，視詞義為何

夫謂統舉正詞。不可簡捷轉換者。亦論其常而已。亦有簡捷轉換。而不成妄者。如云直隸總督是北洋大臣。亦可云北洋大臣是直隸總督。此詞雖亦統舉正詞。然以兩端皆單及之名物。故可相轉。又如云。琴書為吾所樂者。即直轉云。吾所樂者為琴書。又自不妄。故轉換繁簡。亦視詞義為何如耳。

第七節　詞之兩端

此外又有詞之兩端。義正相等者。此見諸形數二學者為最多。如幾何云凡三角形其三邊等者。其三角等。從而轉之。則凡三角形其三角等者。其三邊等也。又如代數。天元等甲乙之和。亦可云甲乙之和等天元也。故遇此等統舉正詞。宜察句主上所謂兩端。是否度量相等。抑句主不過為所謂之一部。知此而後從而轉之。無難事矣。若欲以圜明之。則如是之詞。只須單作一圜。如八圖。而於一圜之內。並舉兩端。以見其為品量相同之物。

第八節　轉換之法

終之。尚有一種轉換之法。如凡圜法皆金造。則由此可知。非金造者乃非圜法也。顧有小兒。以此為不易見。則吾以圖明之。如第九圖。以大圜總凡金造之品。以小圜為圜法。然則大圜之外。乃一切非金造者之所居。而以圜法之必金造。自然此小圜必居大圜之內。斷無得居大圜以外之理。何以言之。向使小圜得居大圜之外。此即無異言錢有非金造者。此與原詞。顯然矛盾。故由此知非金造之中無圜法也。此詞乃於原詞兩端。各加負字。由此得以前法轉換。不至由是成非。

此是由統舉正詞。轉為統舉負詞之法。而由統舉負詞。所轉為正詞者。術亦可知。如云無用之物必非生物。即可知生物必皆有用矣。

第八圖

第九圖

附註

❶ 該人在內以古稱人為係蟲之故。

第十章　論演連珠

第一節　從二原（例、案）得一委（判）

凡論一事理。而有所斷決者。雖語勢文理。隱現不同。質而言之。要皆從二原而得一委。或由一例、一案、而得一判。千殊萬詭。莫能違者。請詳舉之以為譬。如今云英國銀元皆臺山廠所鑄造。例先零者英國之一種銀元也。案故先零乃臺山廠所鑄造。判此合三詞而成一辨。譯其名曰演連珠。本連珠所用之詞。皆統舉正詞。顧亦有用負詞者。如戰國策陳軫說楚昭陽勿伐齊。為設畫蛇之喻。其先成之舍人。以添蛇足而反失酒。後成者駁之曰。夫蛇固無足例今為之足。❶是非蛇也。❷此吾國文字中甚古之辨也。而自合名學律令如此。蓋既駁其所畫之非蛇。則此舍人。蛇且未畫。何有於成。此其所以失酒也。顧此乃三詞皆見者。而亦有所用例案。存人意中。不待贅說。此如蘇軾武王論。其發端曰。以臣伐君。武王非聖人也。二語僅列一案一斷。若將其全敘。當云。聖人不以臣伐君。例今武王以臣伐君。案故武王非聖人也。判略舉此三式。學者可悟。凡有論斷。莫不皆然。一篇之論。或用連珠甚多。先證其例。由例得判。判復為例。使其中所成連珠。皆中名學律令。而無懈可擊。所言自為定論。不可復搖。是以不佞謂名學為知言之術。蓋欲知言。須先通此學律令。而後有以察所言之誠妄。與夫自相矛盾否也。

案演連珠見於文選。乃一體之駢文。常以臣聞起。前一排言物理。後一排據此為推。用故字轉。其式但作兩層。與三詞成辨者。實稍殊異。雖然。使學者他日取以審諦。其意義乃與此同。但舊是駢文。語多俳麗。遂生雲霧。致質言難見耳。不佞取以譯此。無所疑也。西文原字司洛輯沁（syllogism）此言會詞。意與此合。惟日本謂名學為論理學。已極淺陋。而呼連珠為三斷。竊以為不及吾譯。因所彙三詞。僅成一斷。名為三斷。轉或誤會。不可以東學通用而從之也。

第十圖

第二節　例、案、判三詞相及之理

至例案判三詞相及之理。當無難喻。今即以上節之第一連珠言之。其例曰。凡英銀元皆臺山廠所鑄造。此共見已定之事實。雖臺山廠所鑄造。固不止銀元。實有金銀銅三品。然言銀元乃該廠所造。固自非虛。其案曰。先零乃英銀元。此亦不誕。銀元不止先零。亦不論也。今使用畫圜之法明之。則臺山廠所鑄造品。必統以最大之圜。次則銀元之圜。再次乃先零。先零統諸銀元。銀元統諸臺山所鑄造。以大統小。則先零之為臺山廠造。無疑義已。

第三節　再論例、案、判

更作一連珠式曰。

例。　凡選舉員皆出直接稅者也。

案。　食孤貧糧者不出直接稅。

判。　故食孤貧糧者非選舉員。

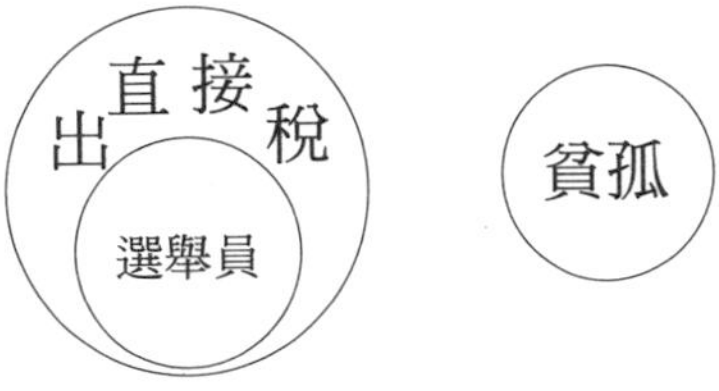

第十一圖

此判為統舉負詞。而其為負。由例與案而得之。今夫例者何所從。學問閱歷而得。抑為法律命令之所定者也。如選舉員必出直接稅。此律令也。案者何。當境所得之事實。而所據之以為斷決者也。如食孤貧糧者不出直接稅。此事實也。前為統舉正詞。後為統舉負詞。夫選舉員既必求諸出直接稅之中。是二者合。而食孤貧糧者乃出於出直接稅者之外。是二者離。一合一離。而選舉員之與孤貧。遂無同物之理。此如第十一圖。可不煩言解矣。

第四節　三論例、案、判

此書既名淺說。自為初學者設。故取譬諸式。不得不擇其易曉者言之。顧吾黨他日為學處事。其待思辨者。不盡如是易也。故須講一合法連珠。其中所存之要素。與夫所必不可叛之律令。夫而後察理聆言。有其方術。而不至於聽熒也。今將再以第一首連珠明之。

例。　英之銀元皆臺山廠之所造。

案。　先零乃英之銀元。

判。　故先零必臺山廠之所造者。

所最易見者。三詞雖異。其所表者不過三端。曰先零也。英銀元也。臺山廠之所鑄造者也。而三端之中。惟其二見於判詞。而英之銀行不見。然則此名之用。猶介紹焉。使餘二端。由之而得所比較離合焉耳。若以圜論。（如第十圖）此端乃第二居中之圜。介於最大最小者之間也。是故如此之端。於連珠謂之中介。其最大之圜。統一切臺山廠之所造者。常為判詞之所謂。故號大端。而先零居最小之圜。常為判詞之句主。是謂小端。此定法也。

第五節　大端、中介、小端

曰大端。曰中介。曰小端。此三者皆就一連珠而言之也。後此為論。將屢及之。故於此時。不得不預告學者。以三者之當記。

一。連珠中介必不見於判詞之中。

二。連珠大端恆作判詞所謂。

三。連珠小端即是判詞句主。

又大端常見於例詞。小端常見於案詞。至於三詞所列之次。固以前式為要歸。然而行文發議之時。容有顛倒。以為波瀾變化者。顧用大端者常為例詞。舉小端者常為案詞。則不易之規則也。

附註

❶ 案。猶言此所畫物乃有足。

❷ 判。猶言此所畫物不可名蛇。

第十一章　論連珠律令

第一節　論辨必用連珠法

既為論辨。或明顯。或隱約。其必用連珠無疑。顧連珠用矣。而有真假。則問其中乎律令否也。夫名學為術。吾國秦前。必已有之。不然、則所謂堅白同異、短長捭闔之學說。末由立也。孟子七篇。雖間有不堅可破之談。顧其自謂知言。自白好辨。吾知其於此事深矣。至於戰國說士。脫非老於此學。將必無以售其技。蓋惟精於名學者。能為明辨以晰。亦惟精於名學者。乃知所以順非而澤也。若夫歐洲。則其學為希臘古賢所最重。二千餘年以往。雅里斯多德特為連珠創立準繩。以定辨言之攻窳。近今百年。英法德意。名家輩出。率欲更求良法。有以易之。然而當耶方斯之時。爭未定也。故其為書。仍存雅里氏之舊說焉。

第二節　連珠律令第一

連珠律令第一。凡連珠。必以三名為三端。不得多。不得少。何以明之。蓋所謂辨者。借第三物以見兩物之離合也。而此第三物。即第十章第四節所指之中介。假取四端為論。將其為辨。作二連珠。或并一連珠而無有。譬如以牸牛。歧蹏之畜。反齝者。有兩胃者。為四端。如是可云。凡牸牛皆歧蹏者。其說信也。又曰。凡反齝之畜皆兩胃。其說又信也。顧由此二詞。必不得判曰。凡牸牛皆兩胃明矣。欲為此判。必更得一詞。以合歧蹏為反齝者。而後能之。顧一有此詞。則居然成兩連珠。一以證牸牛為反齝之畜。以其歧蹏。而歧蹏者常反齝也。一則以其反齝。而證牸牛之有兩胃也。如下。

第一連珠。

例。獸之歧蹏者常反齝。

案。牸牛歧蹏。

判。故牸牛為反齝之獸。

第二連珠。

獸之反齝者必兩胃。

今牸牛反齝。

故牸牛有兩胃也。

由此可知。此律之必不可違。凡連珠必止三端。不多不少。而是三端者。曰中介。曰大小二端。如第十章第四節所已發者。

第三節　連珠律令第二

連珠律令第二。凡連珠必以三詞。不得多。不得少。三者最後為判詞。其餘為例案。蓋使有四詞。將其一為判詞。而餘三為例案。然一例一案固可以得判矣。以其有一中介。以離合大小二端也。乃今而得二例一案。或一例而二案焉。是必無所離合。抑分為二連珠。而各為離合者矣。此其弊與前之得四端正同。若以牸牛諸物明之。將自見也。

第四節　連珠律令第三

連珠律令第三。凡中介必盡其物。至少必一次。此條乃甚要律令。而其所以然之故。較之前二。似為難明。然學者於下所取譬者。審而觀之。可自悟也。蓋所謂中介之端者。本不見於判詞中。而各見於例案二詞之內。設所指者。兩不盡物。將二詞之端。各有所指。而非同物。非同物斯不成其為中介。而雖一端。與二端等。合之大小。是四端也。四端破第一律。而其連珠不可用矣。今如有人言。獸有肉食者。又曰。獸有反齝者。

而由此云故肉食之獸乃反齁。又如云。人有眇一目者。更曰。人有不識字者。乃從而判之曰。眇一目者不識字。此二判之謬。不待其辭之畢而可知也。是二者之中介。皆未嘗盡物。惟如云獸有肉食者。而凡獸皆待養氣而後生。則從而判之曰。凡肉食之獸待養氣而後生。斯無誤矣。何者。以中介之端。於第二詞。方盡其物而舉之。則第一詞之偏及者。不能外故也。不能外斯為同物。而他二端始得之而有以為其離合也。

第五節　連珠律令第四

連珠律令第四。端之在例案二詞未嘗盡物者。其在判詞。不得盡物。此條謂判詞欲盡一類而言之者。必例案二詞之中。先盡其類之言而後可。否則所判為無根。此亦易明者也。譬如或云。不讀書人不宜作宰相。江南人有不讀書者。故江南人不宜作宰相。此其謬誕。固何待言。但若云江南人之不讀書者不宜作宰相。此雖辭贅。然尚不可以為謬也。蓋案詞所指。固未抹殺江南之人。而判詞乃抹殺之。其所判詞。白然無據。但前式之謬太顯。聞者易知。而有時理在疑似。則聞者或不及察。斯其破例難見。今試再用上節連珠。云因有獸食肉。而一切獸皆吸養氣。其判必不得云。凡吸養氣者皆能食肉。蓋案是統舉正詞。而統舉正詞。其下端所謂。常不盡物。此在第八章第九節。已詳明之。此案、固未嘗說盡能吸養氣之物。而判詞用作句主。而概其類。故為謬也。此外尚有破犯此律。而難即知者。俟後言之。❶

第六節　連珠律令第五

連珠律令第五。例案兩詞皆負者。不能成判。此條顯然。蓋負詞者非他。取兩端而離之者也。兩詞皆負。則連珠所舉三端皆離。所異者。或統舉之離。或偏及之離而已。譬如云。英吉利人無為奴者。又云黑種人非英吉利。此兩詞以圜明之。英人之圜與奴圜。全然不合。又與黑種之圜。亦全然不合。然而奴圜則與黑種之圜。可以全離。可以全合。可以互掩而介於離合之間。是則黑

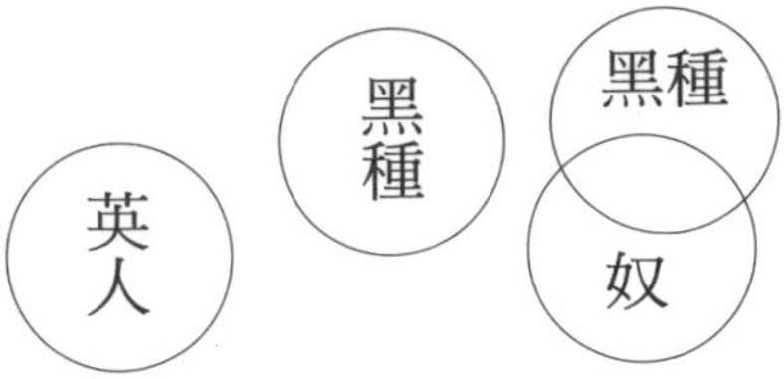

第十二圖

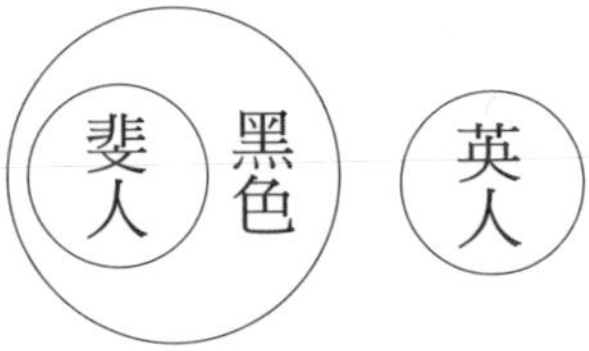

第十三圖

種之無為奴可。全為奴可。有為奴有不為奴亦可。故曰。從二負詞。無所判也。

第七節　連珠律令第六

連珠律令第六。例案兩辭之中。有一負者。則判詞必負。但若例案兩無負詞。則判詞必無負者。此為雅里氏所定連珠律令之末條。欲明其說。但思負詞必用兩圜相離。今如云斐洲人（編者按：斐洲人即今非洲人）色黑。而英國人非黑。如此。則斐人之圜。乃在色黑一圜之中。而英國人乃在色黑一圜之外。內外既殊。自然不合。此所以得判必負。而知斐洲無英人也。

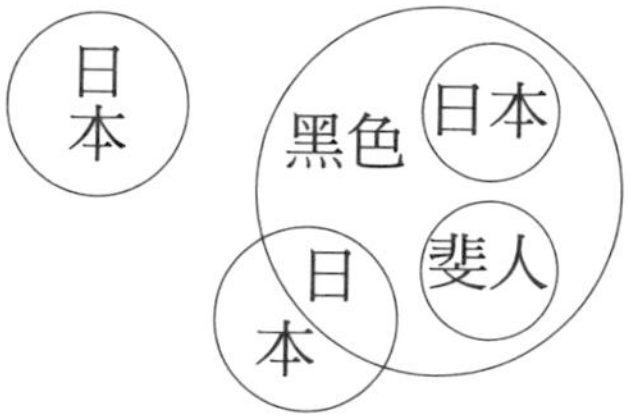

第十四圖

又如云。斐洲人皆黑種。而日本無斐洲人。如此。則斐人之圜。在黑種圜中如前。而日本一圜。但與斐人圜離。其與黑色一圜。則可全離。可全合。可互掩而介於離合之間。如此是無所判也。是故原詞有一負者。非得負判。即無所判。

第八節　負詞之有無

前條律令後半。謂若例案兩無負詞。則判詞必無負者。此說甚明。蓋例案既兩無負詞。則三圜相合。即使徧及。亦在圜中。既不可離。自然無負。

第九節　欲精名學，首貴知言

欲精名學。首貴知言。欲能知言。則於前雅里氏六條律令。不可不熟記而善用之也。此無他法。惟取各式連珠。而察其中之有無破律而已。今將試列數首連珠。而教學者以察視之法。即如下一首云。

例。　凡市府皆有大教堂。

案。　理物浦無大教堂。

判。　故理物浦非市府。

此其中介何耶。曰有大教堂者也。理物浦見於案。為小端。市府見於例。為大端。

一。此連珠僅有三端。一一再見。此與第一條律令合。
二。僅有三詞。此與第二條律令合。
三。中介有大教堂者。第三條律令云。至少必盡物一次。今案為負詞。凡負詞其所謂皆盡物者。則又與第三律令合也。
四。判為統舉負詞。其兩端皆盡物者。理物浦為案之句主。市府為例之句主。皆於原詞先已盡物。則又與第四律令合也。
五。例正。案負。非兩負詞。於第五律令合。
六。判負者以案負故。是與第六律令合也。

然則此首連珠。全無破律。使例案二詞而信。則判詞必信無疑。

第十節　智詞意同孟子所謂詖辭

今請更舉一首觀之。如下。

例。凡卝皆采諸礦。
案。凡煤皆采諸礦。
判。故凡煤者卝也。

第一須察中介。此首中介之端。為采諸礦者。但例案皆統舉正詞。而采諸礦者皆為下端。則依第八章第九第十三兩節所論。此端皆未盡物。而第三律令。須中介在前兩詞中。至少盡物一次。方為合法。然則此首聯珠。乃破第三律令者。不可用也。蓋卝與煤雖皆出礦中。未見煤即是卝。此正孟子所謂詖辭。詖者蔽於一偏之謂也。而名學謂為「中介不盡物之詈辭。」西文謂詈詞曰發拉屎（fallacy）。詈詞甚多。自為一類。此其一也。

第十一節　詈詞或稱偽詞

此種詈詞。❷人所易犯嘗見一女士著書。謂歐美司法之官。例戴假髮。此實與打一誑語者等。其辨證連珠。有云。戴假髮者以為偽也。打一誑語者亦以為偽也。是故戴假髮者為打誑語也。不悟所用中介。乃以、為、偽、三字。於前兩詞。皆不盡物。因為偽之事多方。而用意與目的各別。此為不中第三律。而所得乃為詈詞。況誑語分明以言為欺。與他物之偽。固有異耶。今就女士之意。欲為合法連珠。則當云。

例。　凡作偽者皆打誑語。

案。　戴假髮者作偽也。

判。　故戴假髮為打誑語。

如此乃成完密連珠。無破律之病。然亦必所據之大例為真。而後判詞乃確。二者必相倚者也。今此首之例。其未足以為真理。則固顯然也。往又嘗見一學人。欲證生人一切為惡之事。皆不過為特別之打誑語。譬如竊人之物。乃至殺一同類。皆不過打間接誑語。謂非其有者為己有。謂同類為非同類也。其說為是為非。汝曹當自能辨之矣。

第十二節　破律之連珠

更設一喻。以明破律之連珠。常人窮老以治一學。因而名利隨之。則自以其所治者為有用之學。而他學不然。爾乃入主出奴。互相訾謷。不知其所用以自證者。皆習詞也。吾試舉之。譬如彼云。

例。　西學者有用之學也。

案。　經史詞章非西學也。

判。　是故經史詞章非有用之學。

此首連珠三端三詞。儼然皆合。即其中介。所不見於判詞者。為西學。以案詞為統舉之負。自己盡物。即在例詞亦然。此與第三律令又不犯矣。判為負詞。以案為負詞故。則與第六律令又合。原詞一正一負。非兩負也。則與第五律令又合。是以乍見初聞。將不知其失理成智之所在。雖然。使吾黨諦而察之。則見判乃負詞。其兩端皆盡物者。而例乃統舉正詞。其後端例不盡物。然則所謂有用之學。於判為盡物。於原詞乃未盡物。而第四律令言。凡端於例案原詞未嘗盡物者。於判詞不得作盡。其為破犯此律。而適成智詞明矣。

第十三節　有用之學為一大圜

彼不知天下有用之學眾矣。夫西學誠有用。然不得以此。而遂禁吾舊學之亦為有用也。是丹非素。此種議論。自屬可嗤。今若以圜明之。（如第十五圖）則有用之學為一大圜。而如原詞西學一門。為一小圜。自居其內。而經史詞章。自為一圜。以案詞言。不過必與西學一圜分張而已。至其所居。為在有用一圜之內。或外。或介乎二者之間。例案二原詞之義未嘗明指也。則烏得判其必居大圜之外。而云其非有用乎。往者制科未廢。士大夫常崇奉八股為正經之業。而子弟之事詩古文者。則訾

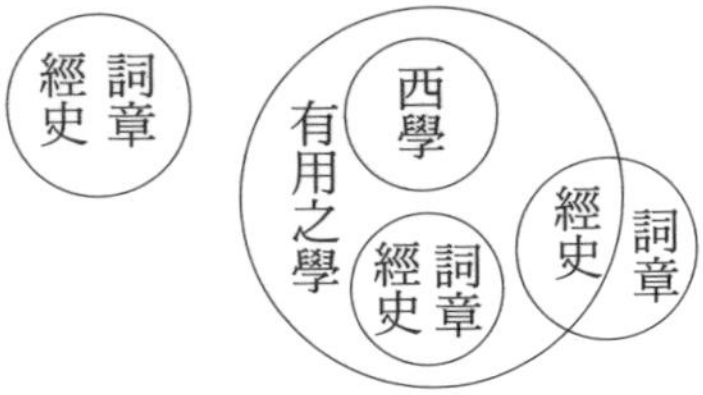

第十五圖

為雜學旁門。歐美五十年前。亦重希臘拉體說文。而輕理化諸科。至於今則又反其事。凡此皆可用此法。以推其無當也。

第十四節　判詞之所以成智詞

前之所論。其所以成中介不盡物之智詞者。大抵坐二原詞皆統舉正詞之故。蓋統舉正詞。其後端所謂皆不盡物者。以之為中介。為犯第三條律令。判詞所以成智。乃今吾將更舉一式之連珠如左。

例。　英人編戶之民皆出貧算。

案。　而有選舉權者即出算之民也。

判。　故英人編戶皆有選舉權者。

案英國現行之法。編戶之民。除孤貧而外。固皆選舉員。然則前之連珠。判詞固信。但中介為出貧算。而為例案二原詞之後端。而是兩詞者。又皆正非負。夫統舉正詞。其後端常不盡物。如此。則此連珠自其形表觀之。應犯第三律令為智詞矣。顧其判乃又不誤而信。何耶。豈雅里氏律令。但道大常。而亦有時不盡爾歟。曰是不然蓋此首之案詞。雖若統舉正詞。而前後兩端。義量相等。故云有選舉權者。乃出算之民。其詞信矣。

即使轉換詞頭。謂出算之民。乃有選舉權者。亦無不可。故與尋常統舉正詞。性質有殊。而兩端相等。相等故句主盡物者。其所謂亦盡物。詞中即字。表此義也。然則出算一端。於兩原詞皆已盡物。盡物則於雅里氏之第三律令。固未嘗犯。而判之編戶有選舉權。為詞乃非智耳。

第十五節　連珠小例之一

此外尚有連珠小例二條。可附論者。一是由二偏原詞。無從得判。假如今云。國會之議員有博學者。而博學人有深達於政者。由此不得即云國會議員有深達於政者也。蓋所用中介是博學人。在例詞本不盡物。而在案詞。以其為偏詞之故。句主亦不盡物。然則此首連珠為破第三律令。而成智詞。自事理言。學人固多達政。顧備員國會者。則未必即為此達政之博學人也。由此可推。無論何等偏詞。為正為負。以二詞同偏證判。終不能得完全無漏之連珠也。

第十六節　連珠小例之二

二是原詞中有一偏及者。判詞必亦偏及。譬如今云選舉之民有不足以得良代表者。又云獨有學之民可以得良代表。是故選舉之民為不學無術。此其連珠。已破第四律令。蓋例詞本是偏及。自然不容判及全體。此甚明之理。是故原詞中有一偏及。而判詞統舉。於連珠律令。必有不合。

第十七節　我國舊有名學小書

舊有名學小書。以偏統正負。四種詞頭。交互錯綜。得可用合法連珠十九首。而此又區為四式。視中介在原詞中如何位置。以為之差。於是造為彊記歌訣。使小兒誦之。顧此實為閉錮性靈。非教育善法。是以本譯。置不復論。第使學者知有此物而已。

第十八節　一連珠應具三端

一連珠乃為一辨。以性質言。自應全具三端。二原一委。然而言論之際。文字之中。往往有不盡然者。淺人不識。遂謂常法論辨。無所用乎連珠。此無異見人心算。不用珠盤鉛筆。遂以為其人得此答數。無所待於算法加減乘除。須知尋常言論。往往置例不提。獨標近案。或案為目擊。獨引例語。而從之得判。又有例案並舉。而判所含蓄。令人自思。尤有餘味。索思比亞作凱撒被刺一曲。當鶯吞尼臨尸告眾。為布魯達所禁。不得代鳴其冤。層層皆用此術。聽者裂眥衝髮。舉國若狂。名學之能事如此。

第十九節　含蓄之連珠

含蓄連珠。於看議論文字時。幾隨地可遇。大抵句法有用蓋字、故字、是以、然則、等字法者。細按分析。十九皆有連珠。學者若能將其抽出。引而申之。更用雅里氏律令磨勘。將其論辨之堅瑕自見。雖連珠用於數學幾何諸書者最多。然而一切之科學。與夫人事。酌今準古。檢勘虛實之法。無能外者。此其學所以為有用也。

附註

❶ 第十一章第十二、十三兩節。

❷ 目無睛者曰瞽。井無水者曰瞽井。凡皆徒有形似。而誤人者。故辯而無實。名曰瞽詞。

第十二章　論有待之詞

第一節　有待之詞，不可忽略

前於第八章第五節。嘗告學者。以有三種詞頭。其最常見之第一種。即以上連珠中所用者也。然於有待之詞。不可忽略。有待之詞者。兩詞相倚。而後詞之信視前詞者也。此種詞頭。與尋常直敘詞頭相合。往往成一連珠。如有人云、假使立憲。中國可以不亡。今立憲矣。故中國可以不亡。此首乃有待正詞中。用兩原一委。與常式連珠正同。異者其第一詞所謂例者。一句中兼兩句。前句曰提設。如假使立憲。此詞恆用假設如若等字作起。後句曰後承。如中國可以不亡。此詞恆用則即等字。緊接前語。後承乃待見之事理。而提設則其所待而見者也。

第二節　連珠亦有定律

此種連珠。亦有定律。然甚簡易。曰使提設而然。則後承亦然。使後承而否。則提設亦否。然者。如上節所引用之連珠。言中國立憲者。即言中國不亡也。否者。如云、假使由地面至於極高。其清蒙氣稀稠無異。則峨眉富士諸山之巔。應無亙古積雪。乃今其巔。有亙古積雪。故知清蒙氣之稀稠高下異也。此是有待之負式連珠。

第三節　連珠雖易，不慎則多成眢詞

顧此種連珠。看似甚易。而言者不慎。多成眢詞。如云、假使其人為良教員。彼必深習其所教之科。今張三深習其所教之科。故張三乃良教員也。此判固誤。蓋其事雖有時而信。然亦有時不信。天下深習一科。而不能教人者眾矣。且判詞非從原詞所當得者也。又如云、使以鹽調雪。則雪必融。今地下雪不調鹽也。故知此雪不融。此其所判。有是理乎。蓋前首連珠。所由成眢者。因先坐實後承。以然提設。後首連珠。所由成眢者。因其駁斥提設。以否後承。二者皆與上節所立律令相反。不悟從此種有待之詞。而得判者。然必從提。否必從後。然否顛倒。必成眢詞。此學者所當慎也。即如此章第一節一首。使其例而信。欲作負判。亦只當云。使他日中國而亡。乃未立憲。不得云中國未行立憲。是以必亡也。此中理法。

又可細參者矣。

第四節　有待之詞可轉為常式

究而言之。此種詞頭與連珠。與尋常所用。前章所詳論者。其用實無大異。不過取便說辭已耳。如此章第一節一首。可云國之立憲者可不亡。今中國立憲。故中國可不亡也。此連珠例詞信否。乃歷史上事。第由此例詞。得此判語。固無破律之譏。至此章第二節所舉。乃是負式。似若稍難。然可云、稀稠平等之清蒙氣。不得有高山積雪不化之事。今地球清蒙氣中乃有此事。故知地球清蒙氣稀稠不平等也。此亦合律。例詞為負。而判詞亦負。由此可知有待之詞頭與連珠。皆可轉為常式也。

第五節　破律令之詞

夫有待之詞既可轉為常詞。將見坐實後承。以然提設。所以必成習詞者。以如是連珠。實破第三律令故也。如此章第三節所引喻者。可轉尋常連珠云。凡良教習必深諳所教之科。張三乃深諳所教之科。故張三為良教習。例案皆統舉正詞。其中介乃深諳所教之科。而皆在後端。兩不盡物。而律令云。中介至少須盡物一次。故曰破第三律令也。

至於駁斥提設。以否後承者。實與破第四律令無異。蓋例案所未盡物者。而判詞乃盡物也。雪調鹽者融。地上之雪不調鹽。故地上之雪不融。此判為負。故融為盡物。故融字見諸例詞後端。為未盡物者。故曰破第四律也。此首之成習。與第十一章第十二節所論。實同物耳。可參觀之。

第十三章　論餘式之辨

第一節　連珠之外，尚有他式

連珠固不可以破律。然謂辨論必用連珠。必遵前設律令者。又為誤也。連珠用中介以察兩端。辨論中用此者固不少。既用此式。自然必依律令。不可或違。但此外尚有他式。亦論辨中所常用。而為古名家所未深論者。直至輓（編者按：輓通晚）近。而後大明。此又宜為初學人稍及之也。

第二節　析取詞亦有連珠

前於第八章第六節。曾告學者云。有析取之詞。既有析取詞頭。斯有析取連珠。亦論辨中一要物也。此項連珠。固不盡依前律。即其形式。亦不相似。夫所謂析取詞頭者。中用名物多端。而綴以或抑諸字者也。當其用此種詞時。乃取一部之物。而分析之。為非此則彼之說。如云、植物乃草。乃木。或乃蔬菜。❶又如云、小舟有用帆。用槳。或用汽者。造幣之金。用黃金、白金、銀、銅、雜銅、及鏰或鐵。所析者但於其類。則所取者可以無窮。如云所派軍機大臣一人。乃慶親王。或醇親王。或張之洞。或世續。或鹿傳霖。或袁世凱。凡其所或。謂之更迭之端。云更迭者。蓋所取未定。第知其非此則彼。必居一耳。

第三節　原詞之一必負

辨論中用析取之詞者。其最大律令。是有否於此。必然於彼。譬如云。世間所常用為薪者。其原質為輕若炭。❷如所燒非輕。則必為炭。無疑義也。茲所析取。僅有兩端。然而前例之行。即已易見。又如云人罪三等。有大逆。有作姦。或過犯也。假造畫押。既非大逆。又非過犯。故必入作姦之科。蓋人罪按律。僅有三科。既非其二。必是其一。自無疑義。又如云蓋覆屋頂之物。用石片、茅茨、鐵瓦、竹席、或用蘆編。所列者計共六物而止。然則吾聞人言。某屋頂所用。非石非茅。又非蘆竹。則其屋所用。不出鐵瓦可知。此等析取之詞。命物多寡既異。然否亦殊。顧無一焉係遵雅里氏之六條律令。蓋原詞之一必負。而判詞則常為正。此與第六條所標。正相背也。

第四節　析取之詞有否定者

前律謂析取之詞有所否者。必然其餘。信矣。顧有名學小書。又著一律令云。析取之詞。然於此者。必否於彼。其義與前者若為反對。顧標而用之。有時乃不信也。譬如薪燃之原質。可以云非輕即炭。不得云既已有炭。便當無輕。因由實驗。知一切薪燃之物。幾於輕炭並有。又云、以小舟有用帆用槳或用汽用篙。所以舟既用汽。即非用帆用槳用篙。此其說又誤。蓋有用汽小舟。於入港有風之頃。帆槳與篙並用者矣。又如云。仕宦有正途有捐班或保舉者。只可云此官既非正途保舉。即係捐班。不得云。既係捐班。即非正途保舉。蓋官固有以正途加捐。又得保舉。由是觀之。先否後然者信。而先然後否者妄也。但先然後否者。亦有時而信。則必其所命者絕然相懸。不得同時並著。此如云某甲於某時可在天津。或在北京。既於某時既在北京。不能同時更在天津。以某甲無分身法故也。

附註

❶ 分之精否勿論。

❷ 若字義同或字。

第十四章　論窮理大法

第一節　簡易之訣

以上所論連珠諸律令固矣。然而有至簡易之訣。以觀所言之信否。即有時非以上諸律令所範圍者。亦可以此訣勘其虛實。其訣云何。曰二名同意。則凡信於此名者。必信於彼名也。或云二名同物。則可相代。此其例至簡易。雖三尺童子當亦知之。政猶幾何公論。謂二物各等於一物者。則二物自相等。然而其用乃甚廣。取其淺者喻之。既云馬為走獸。則馬首為走獸之首。可以無疑。此乃合二詞以為一辨。中涵四端。曰馬。曰走獸。曰馬首。曰走獸之首。故不可以連珠律令繩之。而僅為前訣所可擬議。第一句既云馬為走獸。則第二句只須走獸代馬。自成信詞。以此推勘。可言甚多。而往往為辨論根據。如云筆為文具。故購一筆者。購一文具也。又黑奴乃人類。故殺一黑奴者。殺一人類也。畜產乃知痛楚。故磨折一畜產者。磨折一知痛楚之物也。看似容易。而其用則甚廣也。

第二節　句主與二端對調

然有亦須留意者。則遇統舉正詞。句主與所謂二端之對調也。如前云黑奴乃一人類。今如有人云。殺一人類即殺黑奴。即成笑枋。其故自緣黑奴不過人類中一部分而已。第使句主與所謂。二者度量相等。將可隨意對調。如云平行形乃平面四邊形而對角相等者。則一切可言於如此形者。即可言於平行形無疑。而形之對隅角不等者。亦必不可以為平行形。若夫詞之兩端。乃單及名物。理尤易見。如云月乃大地之陪星。自然凡可言諸大地陪星者。皆可施之於月。而凡可說月者。必可以說大地陪星。天文家知月無蒙氣。亦無河海諸物。此無異言地之陪星。為無蒙氣與河海也。

第三節　數理之學

此等同物相移理想。用之於數理尤多。譬如李甲身長四尺六寸。則凡可施諸四尺六寸者。即可施諸李甲之身長。又見張乙較李甲長得一尺。此即是較四尺六寸。長得一尺。而為五尺六寸之人也。又某處中學。容住學生之數。與京師大學堂相等。則以人數論。某中學之情形。乃與京師大學堂無別。天津客籍學堂人數。少於京師大學。則不待比較。知客籍人數少於某中學堂也。此雖至易。顧算學代數。中間所用等式。層層相迻。不外如此。乃可推至極微。而得難見之數。初學人所以為難者。但緣算式紛披。遂為眼瞞。其實無謬巧也。

第四節　推證之法

是故甚奇之理。往往出於至常之塗。假我輩取世間一切論辨而詳諦之。將無問所論為理為數。而所在在可見者。不過由同通異之術。由同通異奈何。知二物之有所同。則以此物代彼。以便吾事也。故所同之德。若橋梁然。由所已知。通所未知。然則推證大法。直可云同物相代。以同從同。以甲物之德。求乙物之德。甲德如紹介然。名第三品。使吾知其所同既詳。見之又確。斯吾所推。可無疑義。使未詳知確見。不過信以為然。或係憑空逆億。則所推之搖移。與所知者之膚淺。有比例也。

第十五章　論內籀術

第一節　內籀之術

此編前此所論。總名外籀之術。大抵前時傳有公例。而目前又有一案。吾輩由之推究。而得判詞。然此公例。從何而有。尚未論及。如中國由來論辨常法。每欲求申一說。必先引用古書。詩云子曰。而後以當前之事體語言。與之校勘離合。而此事體語言之是非遂定。此術西名為第達克的夫。（deduction）而吾譯作外籀。蓋籀之為言紬繹。從公例而得所決。由原得委。若紬之向外。散及萬事者然。故曰外籀。夫人類智識。積世日多。今天演家謂人類之見於地球。模略在二十五萬年左右。而人道之所以成於今日者。自是積其經歷為之。而經歷若由一人。則此數十寒暑之中。所得能有幾許。是以前事不忘。後事之師。必賴古人所已得者。積久彌多。傳之於我。此博學多識之所以為有益也。古人以其閱歷。傳為公例。吾用之以斷決事理。此似人人所能。然往往有不如法。遂成謬見。欲其無差。必精外籀之術。庶不至所據者是。而所斷者非也。然而外籀術重矣。而內籀之術乃更重。內籀西名因達克的夫（induction）。其所以稱此者。因將散見之實。統為一例。如以壺吸氣。引之向裏者然。惟能此術。而後新理日出。而人倫乃有進步之期。吾國向來為學。偏於外籀。而內籀能事極微。宋儒朱子。以讀書窮理。解格物致知。察其語意。於內外籀原未偏廢。蓋讀書是求多聞。多聞者。多得古人所流傳公例也。窮理是求新知。新知必即物求之。故補傳云在即物以窮其理。至於豁然貫通。既貫通。自然新知以出。新例以立。且所立新例。間有與古人所已立者。齟齬不合。假吾所立。反覆研證。果得物理之真。則舊例不能以古。遂可專制。固當舍古從今。而人道乃有進化。故曰生今為學。內籀之術。乃更重也。

第二節　外籀之術

夫外籀之術。自是思辨範圍。但若純向思辨中討生活。便是將古人所已得之理。如一桶水傾向這桶。傾來傾去。總是這水。何處有新智識來。即如前論連珠。分明所得判詞。早已函在公例之中。聰明人說頭知尾。直可不言而喻。烏足以為新知乎。然則新知識從何發生。大可見矣。豈非由吾輩自用耳目心思。向兩間事物。踏實求其情狀乎。譬如一格物家。謂微塵水點。受光作白。其第一人所由知此。自是向雲霧雪霜。下至浪花湯汽。皆經徵驗。知其皆是水點。見其皆成白色。夫而後有此說也。顧有人焉。不信前言。以謂世間事理。皆可即書本中求之。吾國人言。除六經外無書。即云除六經外無事理也。而三百年以前。西國宗教之眾。則謂天道人事。皆可求諸二約之中。哲學之士。則謂雅里斯多德集羣哲大成。即其遺書。可以推求萬有。執迷不悟。陳陳相因。而吾人天賦耳目心靈之用。幾於都廢。尚憶傳燈錄載。古靈禪師一日見其師在窗下看經。一時蜂子投窗紙求出。古靈曰。世界如許廣闊。不去尋路。只鑽這故紙。驢年出。此語真令生死書叢人。發深省也。

第三節　歐洲新學之興

歐洲新學之興。據英人言。乃在宋元時代。有培根羅哲爾者。❶係僧侶。生於一二一四。卒於一二九二。治學於牛津。倡言窮理斯從實測。彼用此術。新得甚多。然於學界。尚無轉移大力。後三百歲。而喀里列窩興於義大利。此人生於一五六四。卒於一六四二。為當日主持新學巨子。每用實測之術。所破舊說甚多。如前人每謂二體大小若殊。從高處墜地。必大速小遲。此雅里氏說也。而喀里列窩（Galileo Galilei）招集觀者。共上辟薩欹臺。實墜大小兩石。同時及地。始顯舊說之誤。自此新哲學家。雖累經挫折。而實測之術終大用。蓋實測為術無他。但與萬物。直接研究。雖係前聖所已言。已懷所先有。乃至人人所共信者。皆就實事。試察信否。此今日新知日廣。文明大進之絕大原因也。嗚呼。此豈因人作計。好古篤信。守一先生之言者。所能及哉。

第四節　格至真術

格至真術。存乎內籀。此說固確。但不考事實之人。常謂此法興於培根佛蘭碩。[2]夫培根之睿智俊偉。雖有一二墜行。為後人之所議。而其為哲家偉人自若。生平傳作。如新器一書。昌言觀化求實。始有公例。力斥舍己從人。非今是古之愚。并云、用其新器。將於物理大進無疆。是其操論。均無可議。顧必謂其能用此術。前與喀里列窩。後與奈端同功。於以立物理最大公例者。則大誤也。蓋不獨培根自用其術。於物理無所發明。即他人用內籀術所得新知。如同時歌白尼之明天運。吉爾白之言磁力。皆卓爾有立。真實不虛。而培根瞢然。乃不能喻而受之。是故以新學發起之功。歸諸培根。立成妄說。必若言之。無寧指前之羅哲爾。勿指後之佛蘭碩可耳。

第五節　如何用思

故內籀名學者。討論如何用思。而後能會通所觀察之見聞。以立事物之大例也。如是者謂之內籀。內籀、科哲諸大家。凡有所發明者。皆必用之。皆已用之。用之而善。則所立公例。不可復搖。而成真理。人物之性。以之而盡。造化之奧。以之漸開。用之不善。則所立公例。雖有盛勢大力。勉強施行。終之必破。

第六節　內籀之第一層功夫

內籀有四層功夫。其第一層。在博求所欲考之事實。其得之之術亦有二。或任物自呈。候而測之。是謂察觀。或設為方法。致物之變。謹而驗之。是謂試驗。前術、如用諸天象歷史者是。後術如用諸理化醫藥者是。且有時於物變態。偶而遇之。翻於所學。居其扼要。顧如是知識。雖極廣博。要非真學。不可認為物格致知之事。蓋此事實。政如滿屋散錢。了無綱要。既不能用所知者。以解釋物理。又不能用之以據往推來。此不過官知所接。如小兒見物。但識其然而已。

第七節　內籀之第二層功夫

至第二層功夫。則有彙觀揣度之事。此因所見既多。彙其所同。心設一理。若可以會通一切者。此在西語。謂之希卜梯西。（hypothesis）譯言設覆。設覆云者。姑設一說。真妄未知。特得此而後有推論之事耳。至此學者宜悟吾於開宗明義時。所以云外籀之緊要者。蓋既設一理。惟用外籀術推究流極。而後見所設者之合不合也。

第八節　內籀之第三層功夫

故第三層功夫。即是用外籀連珠。或他外籀法。以研究所立希卜梯西之虛實也。意謂假若吾所設之理而信。則某事當見。某物當作何狀。凡此皆外籀事耳。

第九節　內籀之第四層功夫

第四層功夫。存乎印證。印證者。將第三層所得於外籀者。以與實得之事實物情。為比較推勘也。使其事效物變。為吾力所能致者。且當覆審別試。以察吾所設想者。是否與物情事實。在在相符。假其中有不相比附之處。則前設之希卜梯西。或不可用。而須別作思維。更設新覆。復推復證。以符為期。有時希卜梯西。求與事實物情合者。但須少改。即已得之。此在格物之家。自具爐錘已耳。

第十節　欲求真理，須平心廣臆

淺人言理。往往好自設想。而事實所考。又復有限。但使據其所設。推與所見者。有一二略合。便即抵死自信。以為其說不誣。此大誤也。欲求真理。須是平心廣臆。將己所設想者。展轉更變。易境為推。不可取易捨難。亦不得偏於所喜。置其所惡。但有機緣。便宜印證。觀所當然於理想者。是否與外物之已然悉合。假使推勘既廣。盡無牴牾。自然所設理想。漸成公例。然亦不可過以為然。最好能據其例。以推未來之事效物變。而此事效物變。又為未有此例之前。所不意者。使如此而竟如所逆料。則前立希卜梯西。殆可立為公例矣。

第十一節 內籀之次第

然則如前所論。內籀之術。有四層可列如左。

第一層、 攟集有關係之事實。用觀察法。

第二層、 造立希卜梯西。用臆度法。

第三層、 以連珠等術。推較所臆度者。用外籀法。

第四層、 多用實事以校勘所立之例。用印證法。

四法次第如此。今吾將取前人所發明新理。肇立公例之一二事。以見四法之施行。與名學之術無虛立。

第十二節 殭石之臆說

數百千年前。古人常見石中有物。或見於石壁之中。作種種形。如草木螺蛤蟲魚鳥獸之類。如是者謂之殭石。以其形之往往逼真。絕非意以為肖。則種種之臆說生焉。其所立之希卜梯西。言人人異。最初之說。本於二約。以為帝降鴻流。淹滅人類。其時蕩潏鱗介。溺殺生靈。及其水過地乾。所有殘形。散布大地。即在高山。亦有之者。此以證水勢之高而已。或曰不然。歐南長白之山。所以有蠔殼者。乃古跋涉瞻禮耶穌聖蹟人所遺留者。古此項人常由此山往還。將千餘年。故多如此。學者須知此說非他人所立。即著名文家福祿特爾是矣。以前說之不盡與事實比附。則臆者又謂。造物全能。無所不可。此特其遊戲耳。石中有類動植者。猶之晨起觀窗間玻璃。因昨夜天氣大寒。所結冰形。處處作花葉也。此其說自古人言。似最近理。終之人類。乃又造一希卜梯西曰。此種殭石。在古皆真生物。必經泥沙所埋。大重積壓。因以成殭。動經千劫。乃經發現。此說既立。經用外籀推較。復以事實印證。隨在輒合。乃為信例。顧當未印證之先。則四者同為臆說而已。

第十三節　一是而三非

上節所舉四條。固皆臆說。乃今謂其一是而三非。是必有其所以是。

而非亦必有其所以非也。則試略舉其所得於外籀之駁議而觀之。如云、此等殭形。悉係洪水所致。然則諸殭。應在地面。抑在入地不深之處。乃今求諸事實。其物往往得諸深礦之中。或橫貫大石之內。此非洪水所能為也。故洪流之說。無有是處。至福祿特爾之談。去實益遠。殭石豈止見於長白。五洲海外。何地無之。乃至北極冰洋。豈瞻禮聖蹟者。亦經其地。更無論殭形之深入地中石裏者矣。故人遺之臆。又為謬也。至其三造物遊戲之說。駁之稍難。蓋吾黨之所以有學者。政以天道有常之故。彼既以天道為無常。將學且無有。何勞為說。雖然有可駁者。蓋彼既云不主故常。偶然相似。則相似之端。法當無物不可。顧何以所似者。必存動植之形。而他無有。地中並無殭書、殭壺、殭鞵、殭帽。其故何耶。然則遊戲之談。偶似之說。有以解於所偶。而無以解於所未偶者。是故其說。亦不足存。

第十四節　動植物之化石

三臆說不可用如此。獨最後之一說不然。其說謂太古時。動植並生。遺體為沙泥掩覆。已復沈沒江湖河海間。積久成石。此用其說。所可融會通釋者。固甚眾也。即其深入地皮之中。為歷劫石層所蓋壓者。亦有可言。汝曹於學地質一科時。當自了之。又吾輩居今。見一人畜。死而瘞之。其中肌肉皮臟。凡軟腐者。皆當速化。百餘年數百年以後。存者必其枯骨牙爪。及他堅部。故使殭者於古原係真物。則其所留。必亦枯骨牙爪。以此求諸事實。正復皆然。古獸成殭。除骨殖外。幾無可見。欲其形式。尚當以意測之。至若螺蚌魚鼈。則舍殼鱗甲掩而外。無有存者。而植物則多得其皮。亦以最堅者此之故。有時禽獸。骨骼都朽。而牙齒獨存。惟其最堅。固最久耳。然則殭者本真生物。又何疑乎。

第十五節　遞舉推證

更有進者。以常理論。殼骨固皆脃物。假使受壓。理當扁破。今之殭石。實皆扁破。而煤礦之中。所呈殭木之幹。無正圓者。即此可見。當時動植遺體。斷瘠泥沙之中。上經層層積壓。泥沙則壓久成石。而遺體成殭。諸如此說。皆可證諸數百萬歲以前。此等皆真生物。其後淪入地中。繼復在水。是以四說同為臆造。而推證之後。前三皆不足存。而獨此說可用。何則、三者皆與事實矛盾。而一說獨與物理符合耳。此印證之功也。

第十六節　地心引力

以近古格物所得者言。似最重要者。莫若通吸力公例。通吸力公例何。乃謂一切世間諸物。凡有質者。皆相吸攝。其吸攝力大小。視質之多寡。與相去之近遠為差。此例自其粗鄙者言。似無待於名學。譬如拋物空中。究竟墜地。無問為石為人為塵為羽。特若遲速異耳。此之觀察。希臘人固已為之。且尚有先於希臘者。若埃及人。及中國上古人。皆前識之。顧當日之人。意以為物不皆墜。彼以為火則炎上。他若雲霞煙泡。皆見升騰。故希臘最大哲家雅里斯多德。及中國前古聖人。皆立本天親上。本地親下之例。而吾國訓蒙小書。開卷發端。即著混沌初開。乾坤始奠。氣之輕清。上浮為天。氣之重濁。下凝為地諸謬談。降至十七世紀。而英國偉人奈端者出。始云是物皆墜。初無輕重之殊。不僅雲霞煙泡。親地自若。乃至火烈具舉。日月五星。皆有向地之勢。初無異也。今使於天平兩羅之上。一著半斤。一著一兩。則一兩自然上行。猶之半斤自然下降。其上行者。有力使然。不得以彼一兩。為非親地。夫雲霞煙泡。乃至火燄。所以上升者。只坐較於空氣為輕之故。氣之浮彼。猶水浮木。是故昔人謂世間有物炎上親天者。無異見搏水過顙。便謂水性上行。而忘搏躍之力者也。

第十七節　臆說之印證

物為地吸。猶針遇磁。而地為大物。人居其間。斯名為墜。於是奈端又云。假使物咸相吸。則空中之物。感應墜地。或地墜彼。理亦無殊。乃月在空。本同一物。使吾之臆說而信。當墜無疑。顧何不然。但作旋繞。每月一周。終而復始。乃悟繞行。即因吸力。使之墜故。假無吸力。依動物例。月應直行。永離地球。猶繩繫石。旋空作轉。繩設中斷。無牽引力。石即飛去。作直線行。蓋凡物動。法本直趨。使循員軌。有力使然。而令月然。即地吸力。與原動力。相副為用。二力不息。軌成員形。此在力學。固可算計。奈端又言。假使例信。將不獨月。而諸行星。旋繞太陽。應同此理。又諸陪星。各繞主體。乃至彗孛。來去飄忽。若無法者。顧其橢軌。用吸力例。亦可推算。又海潮汐。依時進退。亦日月力。所下吸者。由此種種。見所臆說。吻合事實。無一牴牾。以是之故。得為公例。至今歷象據之推測。上下萬年。可坐而致。六合物理。因以大明。

公例古但稱理。今或稱說。釋氏則稱為法。第理說法三言。皆有歧義。至於科學難用。不得不更立新名。謂之公例。由前觀之。公例者。不過臆說之有十足印證者耳。

第十八節　天體運行諸說

有時言一事理。而有兩三家之臆說。執而勘之。又皆與事實有合。如此。則一時難定孰從。即如當奈端以通吸力言天運時。法國有一大家。名笛卡兒者。亦造一說。以明太陽天運行之理。彼謂宗動天體。有似漩渦。諸緯外浮。繞一中點。觀於八星之繞太陽。皆是左旋。無右旋者。即此可信。又喀里列窩造遠鏡。以測太歲陪星。見其旋勢。似亦可證笛氏之說。故當時格致諸家。皆以笛氏之說為近信。奈端之說雖與事實脗合。然非淺學人所及。而笛氏之說。婦孺都解。故當時頗有靡所適從之苦。

凡學者遇兩希卜梯西。而未知孰為優劣者。只須求一事實。證其與甲說理合。而與乙說齟齬。自然知甲說當從。乙說當棄。即如奈笛二氏。皆言天運。於行陪諸星。亦皆有可徵之事。顧笛氏之說。獨無以自解於太陽天之彗孛。蓋彗孛軌道。為極扁橢員。（編者按：員字通今之圓）以太陽為其一端之樞極。又其軌平。衺交黃道。不與諸緯同游。笛氏之說。似以元氣為水。諸緯浮繞太陽。左旋終古。而太歲之七八陪曜。則自具小小旋渦。別成一局。但用其說。則又何物。能浮彗星。且後來言天益精。彗體甚眾。交午繞日。不主故常。豈一彗各具一橢員旋渦耶。又難信矣。由是笛說。必不可存。宜從沙汰。獨奈端通吸力之例。愈證愈實。不獨諸緯可言。陪月有解。而慧孛橢軌。亦有可徵。乃至刻白爾三例。皆可曉晰分明。稽其理數。不此之信。而孰信耶。

第十九節　揭桓試驗

如此之事實。凡可以別似明疑。定一說之當從。他說之宜廢者。如上節所引彗星一事。在名學號為揭桓。揭者指揭疑隱。使之宣著。桓者華表。立諸十字街頭。如牌樓然。使行者知從何道。勿致於迷。又如取物試驗。逆計未然。觀其如何。以定所臆。如此者。亦號揭桓試驗。既徵之後。可無疑矣。

附註

❶ 英有二培根，此前一人。

❷ 生一五六一，卒一六二九。

第十六章　論日用常行之內籀術

第一節　觀察、設臆，外籀、印證

先臆後證。斯為內籀。此術之行。不但於各科學問然也。顧學問。篤而論之。亦人事已耳。是以中國先民有言。世事洞明皆學問。此語自實。今試觀生人之於日用常行。其有事於內籀者又何如。須知吾人一有思維。即入名學範圍之內。故雖至常瑣事。亦有內籀之功。中間風馳電掣。瞬歷四層。有不自覺者。四層者何。曰觀察、設臆、外籀、印證也。此四者恆以數秒時刻為之。譬如人在室中。久坐起行。於門窗間。眺見門前街道。忽然盡溼。與一頃前。所見全殊。爾時心中自問。頃者此塗。何因而溼。於是立作數臆。此致溼者。因雨可也。水車灑塵。初過可也。或鄰近之處。水管龍頭。開而未閉。致令流溢上街。因而致溼。凡此數說。皆可作臆。然心中即以此數者為案。而作連珠。大略意謂。水車灑道。灑不到兩旁步砌。惟有雨則可以致溼。即是街旁屋高。雨勢斜侵。亦應一邊見溼。今看兩旁步砌。皆無溼者。然則雨非其因。再見天容。又非雨後之象。而街上溼痕。一路作平行線。雖或侵砌。皆在其沿。如此可決其由水車致溼無疑矣。此一段乃極微末事。且作內籀之人。其疾不到半分時晷。顧其中層累分明。一循名學法律。特用者不自知耳。

第二節　用於訴訟折獄之事

至於聽訟折獄之事。則其用名學內外籀之術尤多。吾國縣官之所以號神明。與外國包探之稱精能者。無一不以此術勝也。譬如昨夕有某家被盜。告諸捕房。派人來驗。此即第一層觀察之事。彼先細察其進屋所為。或係破門。或係撬窗。或係穴壁。乃坌塵中手痕。屋旁履跡。皆所細驗。驗畢之後。即作臆想。更問當夜左近來人。形相何若。假使所見之人。素為捕探所疑識者。其人即可拘捉。因與所臆。稍有合也。於是更搜其人之居。設得鑽鑿盜具。即此可決。所拘捉者。實係盜家。顧是否此案之盜。或未定也。則取其盜具。以試前穴。或察其手足。是否與手痕履印相符。假使一一吻合。又其人之神情語氣。皆有可推。則盜之得。十八九矣。

第三節　英狄子奔之例

英國三十年前。有冒充爵主一案。此案因有兩說。難以即決。故經久久研鞫。始於兩說。定所一從。而成信讞。此亦可以取證吾術者也。其案緣起。因一爵主。離英多年。不知下落。後有一人。從澳洲歸。舊係屠戶。以形貌相若。自稱爵主。欲得其家田產。爵主名狄子奔。（Sir Roger Tichbone）屠戶名何爾頓。案經定後。尚有人言。此冒充者。並非冒充。實是本人可知此案之難辨矣。其所以云爾者。殆緣其人。為狄子奔母所認識。又有親戚舊友。皆同此說之故。當堂取證。誓其為是者有人。誓其非是者亦有人。此在吾學。為兩臆說。莫知適從者。雖各誓證。然皆無力。以歷年已久。形貌認識。本難憑也。今兩造中執一說如此。審判之法。只有詳加印證。即在細瑣。必不可忽所謂細瑣。如事之為彼應行能記者。彼之所應為作者。與其身體中所有之徽識。假使是真。自無不合。且人既告其為屠戶。則問官所研得之種種。又必與屠戶何爾頓之諸證。細加勘較。而後此案。乃有端倪。又其術當在在無忽小處。蓋抵冒之人。於其大者。固所留神。而其小者。乃所忽也。如此人嘗由澳洲。寫信與狄子奔之母。稱曰媽媽。而爵主舊緘。則稱母親。當法子之稱母。幼呼媽媽。長呼母親。故有前曰媽媽後改母親之人。至既稱母親。長大反呼媽媽者。則至少也。當初到案之頃。問以應知之事。如其母之閨諱。前當軍官。在第幾標。去英時所附搭船隻之名。凡此皆常人所不易忘卻者也。又狄子奔生長巴黎。而此人不知法語。乃通班語。以其曾在南美洲之故。狄子奔幼學辣丁文。而此人不辨孰為希臘。孰為辣丁。

第四節　用於刑名者

至問官臆其人乃屠戶何爾頓者。則亦有證。如彼供云。幼患驚風。此與何爾頓少時歷史有合。一也。其囑咐書。與其日記。所登人名。皆何爾頓舊交平生。而爵主家人則不知為誰某。二也。又其田產幾何。坐落何處。臨行時係託何人承管。皆所不知。三也。問其去英日所坐船名。答云耶西美勒。而耶西美勒。有人尚記其為何爾頓去日之船。四也。此人返英即至斡賓。訪一屠戶。舊居在彼。今遷去者。五也。此外尚有種種瑣屑情節。不可縷述。可以證其人之為何爾頓。不可以證其人之為狄子奔。凡此雖取一事。則其證力甚微。顧合而觀之。則幾無疑義。今夫一縷之麻。其繫重之力小耳。獨至總數百千縷之麻。以為糾纏。則可以繫百觔之重而不絕。瑣屑之證。少固難言。多則可決。亦如是耳。凡此皆名學之用於刑名者也。

第十七章　論察觀試驗二術

第一節　察觀——觀物自呈，不加干涉

人生世間。在在與物相接。欲吾生之安。吾事之便。所急莫若知物。而大抵用二術焉。其一則任物自形。而吾觀其變。其一則致物之變。而吾察其情。一者靜以待物。徐有所受。一者動以立事。先有所施。知物之方。無外二者。前曰察觀。後曰試驗。

今請先言察觀。察觀者。觀物自呈。不加干涉者也。所居臨通海之江。潮汐時至。今欲知之。以便吾事。則候其來去而默識之。尚恐記性之弱也。則筆之於紙。記其每日最高之時。即見其逐日移進。約差四十五分鐘左右。乃岸邊樹版。亦逐日畫其水深。如是一月。則又知最高之潮。乃在朔望前後。如是半年一載。將潮之大小早晚。可逆知矣。夫兩間之事。須謹候而不可干涉者。不僅潮也。恆星八緯。疾伏留逆。與夫風氣之變。雨露之滋。地震孛行。日月交食。凡此皆非人力所能感攝者也。故欲得其情。舍靜觀默識之餘。無他術也。

第二節　試驗——干涉物情，載觀效果

使其事為吾力所能左右。則求知物者。試驗之術。又所必施。試驗者。錯綜之物。皆所已知。觀其相遇。而作何變也。故試驗者。干涉物情。載觀效果。非無察觀也。先設度數形局。而後耳目用焉。故試驗知物。其功愈於徒為察觀者。有二可言。

第三節　試驗之物情須審辨

其一以試驗得物情者。比之僅物變之自呈者。每確而審也。如治化學人。欲知炭養之性情功用。其氣如入人物之肺。效果如何。假使不為試驗。徒候而察之於自然物變之中。則必俟室中獄中。與古井廢坑等處。有此氣者。而人若物偶入其中。乃有可見。此無論其事其艱於邂逅。即使偶而遇之。又未必空中悉皆此氣。或且多雜炭酸。❶而炭酸之與炭養。其性情功用。又甚異也。惟為之試驗。則知之無難。蓋只須於琉璃空瓶中。以法滿貯炭養。而納蟲豸雀鼠之類於其中。將其效果立見。或有謂此術為不

仁者。則不知世間所殺蟲豸雀鼠。為數不知幾何。且為莫須有事。乃今研究物情。果有所得。則後此安人利物之用。方且無窮。即殺一二。何傷之有。炭養雖毒。然用以煖屋然鐙。其費實賤。但使有術。使之不洩。固於人有大利也。但利害相形。險居何等。欲此問題解決。亦惟試驗。可以明耳。

第四節　自然物變之推理

有時自然物變。與吾人所設之試驗同功。義大利之南。曰訥波羅。有虛谷焉。曰加呢者。人行其中。不見異也。獨牽犬入之。則輒倒地。少時而死。始猶以為谷中有氣。此氣於犬有毒。於人無傷。顧後經察驗。此臆立破。蓋人犬呼吸同。而高下異。假使人試於中伏地。至距地一尺時。即覺閉悶。此緣炭酸。較之空氣為重。是以常聚近地一層。而為犬所呼吸。人之鼻口出地稍高。故無患也。以炭酸重。故可滿斠一器。傾入彼器之中。如傾水然。器有炭酸者。若以小生物置於其中。立形喘閉。以炭酸氣雖無毒。異於炭養之毒人。然非空氣。則亦不中呼吸。此谷中之犬。所以悶絕倒斃也。

第五節　試驗可得造化之秘

更有進者。惟試驗得其術。而後造化之祕日開。而新通之理新得之物夥也。夫大地之中。固長有化合之事。然其如是。歷劫不殊。無新境耳。若夫試驗。言其易者。則古之冶鍛。不過取一卝質。聚而火之。而鐵出焉。此在其初。必群相詫。然而由此。五兵之用。鋤耒鉞鉤。大利民用。乃至今日之舟車機器。架屋造橋。皆賴之矣。又況百歲以來。化學大進。電通氣壓。新物日呈。夫黃金與錫。多自然者。故其出也。當由偶目。乃若鋁鈉諸金。亙古有合。設非化學煉試。烏由得之。地質深淺不同。而人力所通蓋寡。假使勤治專門之學。安知他日。不更有一物出焉。其有用勝鐵。而精采勝金。使人類但聽物變自呈。不復以法窮搜力索者。此類之奇。必不至也。

附註

❶ 炭酸所與炭養（編者按：養即氧）異者。特彼之養氣一（一氧化碳）。而此之養氣二耳。（二氧化碳）

第十八章　論事變先後及因果

第一節　前事為因，後事為果

人之所為察觀而試驗者無他。曰求必如何。而一事變乃得見耳。必何物何事居先。而某物某事乃從之而至也。當為試驗時。所庀具而有事者。當為察觀時。所先一事而紛呈者。如此皆名安梯西登。譯曰前事。而從之後見者。曰康西昆士。（consequence）譯曰後承。譬如夏天。雷雨將至。先有溼熱之空氣。有烈日。有油然四起之雲。有低降之天氣表。凡此皆可見之前事也。於是沛然下雨。大雷電以風。而天氣表又漸起。凡此皆其後承者也。第若謂所見種種前事。皆此雷雨所待以發見者。理又不可。如雷雨時行之先。固多烈日。而雷雨亦有發於夜半者。則知烈日。又不必為之先也。又如一人。以赴席歸來成病。將一切席間所食飲者皆為前事。如燕窩、如魚翅、如雞鴨、如火骽、如魚、如菜、如糖品、如果、如鹽芥椒薑、如酒、如煙、如茶咖啡、皆是、已而其病從之。然若謂此一切食品。其中皆有致病根苗。斯為極怪之論。將其中必有一物兩物為有毒。或為其人胃家之所不宜。必得此而後病見。則所謂原因者。必此一物兩物。乃足當其名也。

第二節　事必有因

是故事必有因。而因者其事之前事。抑一起之前事。必得此而其事始見。亦得此而其事不能不見者也。此是因字界說。至為明白。而人或疑何者為因。謂其中當有奧妙理解。不知並無奧妙理解。止是非此而其物不形。得此而其事必見者耳。有時得一前事。即可稱因。然此乃不諦之論。譬如以銅綠和蜜。淹漬梅子。食之成病。此其病因。似在銅養矣。然亦必其人之胃脘性質。得銅養而不安者。而後病見也。然則如是胃脘。亦為必具之前事。非此則其病不生。屋藏火藥。忽爾炸裂。其致之者。在一星之餤。是固可以為因矣。顧無火藥。炸於何有。且火藥非簡單之原質也。有炭、有硝、有磺。然方其未合。以火而加諸是三者。欲其炸得乎。不可得也。必各占分兩。聚而研末。研而為粒。乾而藏之。夫如是。則隨時得彼火星。皆可炸耳。且炸者非他。不過其焚至速。前為凝定之質。所占立體空位。不過尺握之間。及其焚而變氣。所占空體。千百倍前。閉沮激烈。

當者立碎而已。由此而談。則一星之燄。不足為孤因也。必具炭硝磺三物。合研為粒。粒有定形。既無霉溼。又得火星。此一炸之烈。乃始見耳。如是者謂為必要之前事。又名為因也。

第三節　試驗之必要

試驗者。所以盡物之變也。盡物之變者。所以求事之真因也。是故。善為試驗者。每一時所為。於前事但為立其一異。而不為立其多異。此試驗之要訣也。何以言之。今使於所具前事。為不一異者焉。將所致之果。不識其孰因。甲之所致可也。乙之所致可也。甲乙之所共致。又莫不可也。而吾求因之路乃迷惘矣。將為茗飲。使童子煎湯瀹之。已而不甘此其故因茶品之劣可也。因湯之未熟亦可也。易葉候湯。謹而瀹之。固得佳飲。而前飲之所因而劣者不可知矣。欲知其因。必先煎湯。以瀹原茶。使飲而甘。知前之否。由湯未熟。若猶不甘。則或茶劣。易葉試之。乃可明也。

第四節　致然之理，為展轉試驗之果

取晶瑩新磨之鐵。置諸空氣之中。不久生鏽。此盡人之所知也。顧以鏽為果。而致之者果何因乎。今使置鐵於玻管。將其中空氣。設法抽盡而封固之。將鐵之晶瑩。歷甚久而不變。然則空氣。固為鏽因無疑。惟是空氣非單行之原質也。其中有養、有淡（編者按：養、淡二字即今之氧、氮）、有水汽、有炭酸、及少少之他品。如食鹽等。懸浮其中。凡此諸物。皆可以為必要前事而後鏽生。然欲考此。徒將空氣抽盡。不能得也。即將以上諸品。養淡水酸。分而試之。且不可得。蓋由前人試驗。知以上種種。但使其氣純一不雜。便不生鏽。但又取空氣之無水者為之。鐵亦不鏽。如是知水氣為致鏽之一原因甚明。顧又不可以為獨因。蓋使用純淨水氣。不雜他質。此鐵依然不鏽。甚至水氣甚雜。但其中無養氣與炭酸者。亦不鏽也。惟用養氣碳酸二者。雜諸水氣。而無淡氣者。則其鏽最速。如是展轉。分合試驗。遂曉然於鐵鏽一果。乃以養氣水氣。為其的因。而炭酸一物。雖非必須。而得此則鏽朽愈速。吾輩於此一節。乃知一果之呈。皆有前事。然前事往往繁雜。欲得的因。知其致然之理者。有時乃甚難也。

第十九章　論類異見同術

第一節　事有先後

如第十八章第四節言。知所為察觀試驗者。欲曉然一事之見。常有何事必為之先也。顧前事不一。必察其常為先者。而後其因存焉。此講因果事格致者之第一事也。是故事見而欲得其所由然。必於所見所聞之中。先思其一一之相類者。然後取而辨之。於差異之中。而得其所必同者焉。而希卜梯西可以立。易繫傳曰。聖人有以見天下之會通。而行其典禮。此之謂也。

第二節　執果求因

假如今日。於西方空中。現一彩虹。而汝欲知。此物何緣。獨於此時而見。即此便是執果求因之事。但欲為之而效。則必記憶。凡汝前此見虹之時。事有與此相同者否。如是將知凡虹現時。天空四野。必有下雨之處。故西人名虹曰雨弓。蓋必有雨點。此物始見。斷無萬里晴空。忽現彩虹之事。雖然。有雲雨矣。而又不可密布同雲。使不見日。必無晴有晴。一邊日出。一邊雨落。而後虹見。汝定能記。凡虹出現。多在夏天。晚雨初過。近無遠有。而斜陽尚未下山。猶輝天際之頃。

第三節　觀察再思考

如此則可謂之盡事矣乎。殆不然也。必於尋常得日虹見之外。更察他時見者。而後真因乃可得也。則先數夜間所見之月虹。空中有雨。而明月斜照。虹霓亦生。可知以虹為果。不必因日。但使有光線射雨點者。立成此象。已乃所見益多。將知即雨。亦非必要之前事。試往匡廬觀瀑。垂山瀉澗。若掛天紳。半山以下。散為煙氣。遙日斜照。都成彩虹。有時名園激水。隨風飄灑。方向如合。亦見斷霓。又晨起日出園林。露綴草木。及蛛網上。遠而視之。往往見成虹彩。倒弓上翹。如下弦月。又海水群飛。迤邐波際。雲開日射。如行霓裳。凡此皆見虹之事。不可不類而觀者也。

類觀之後。汝自思維。凡有虹時。必得一道之光。與眾水點。而汝之目。與成三物。三位相得。立見彩虹。三者而因。而得虹果。察觀所為。

盡於此矣。

第四節　霓虹原理

虹霓原理。迨奈端（Sir Issac Newton）出而後盡明。於其因果乃有滿證。先是人知虹含七色。而玻璃廉隅峭厲。又金剛鑽石。及他寶玉。多呈此彩。無異虹霓。培根羅哲爾❶已將諸見虹之事。類集待究。其中亦列寶石呈彩之事。又玻璃球盛滿清水。日光射之。亦呈此象。獨至奈端入理至邃。即一水點。思維線光。出入之路。入水復出。乃射人眼。顧白光本為七色滙成。因入水而七光折角不同。乃復散現。既知反光散光諸例。故於水珠。日光出入二線。其成角若干度。可以計算。由此。但與以人目。及太陽方位。虹之大小。及其所在。皆可前知。

第五節　科學真理

虹之度數。固與奈端所算盡合。然止此印證。猶未盡也。彼謂使其所明之理。真實不虛。則虹影明時。有第二虹。當復發現。蓋光射雨點。一一復出。復出之後。更入他點。如是聚觀。成第二虹。影淡而闊。如在鏡中。見第二月。求之實事。恰與相符。由是虹理。得其滿證。此數節特取虹霓為喻。學者由此可見。凡為科學。必先察觀。察觀類辨。用其臆揣。臆揣之後。乃為外籀。外籀既合。又必印證。印證悉然。斯成真理。內籀之術。此為完全。

附註

❶ 見第十五章第三節。

第二十章　論消息之術

第一節　事之因果

物理中因果。往往可以消息之術求之。消息奈何。消者漸微。息者漸長。一物之漸微漸長。而他物從之。則每相為因果焉。所以名消息之術。如試驗者能令一體。加熱加冷。能於壓力。加重減輕。所用磁電。常可測量。以之吸物。當用多少。是故使試驗之物。但有度數可言。則其中因果相係之情。可以微得。其訣在一時只取一物而消息之。看其中復有他物。從之而為消息。或相反而為消息者。則是二物可為因果。

即如爐鍛。冶者以韛。鼓風入爐。則火益烈。鼓風愈多。熱氣愈大。停韛不鼓。則火降微。由是知炭具火燃。得風乃烈。風者其所以能燃之一因也。又用此法。知植物滋長。日光為之原因。此理雖無試驗。但用察觀。亦可以見。有春夏時。草木盛長。至於隆冬。原野蕭寥。若無有生物者。可證前說矣。或乃曰是不因日。春夏地氣本暖。而秋冬不然。是故草木易生。因於氣熱。不必皆賴日光。此其說亦自言之成理。故於二說。均未能斷當孰從也。

將欲探明日光是否為植物所必待。則試驗之術。宜有加詳。而後可定也。則取一植物。如稻之屬。分植同式之盆。用肥瘦同等之泥沙。分置陰陽遞殊之處。如一在曠野。滿受陽光。一在樹陰。陽光稍遜。一在空谷。日光更微。一在木室。或箱倉中。日光殆絕。獨四處熱度。則必使齊。如此而見曠野之稻。生達最怒。樹陰空谷。雖生而遲。木室倉箱。稻最憔悴。則植物之盛。必資日光。為之變化。消息而見。不亦既明矣乎。

第二節　真因乃見

欲用消息之術而得。將所消息者。必存一物之間。不可使雜。此其理政與第十八章第三節所論於試驗者同也。故當消息一物之時。必以法使其餘無變。而後真因乃可實指。譬如前節。所稱在野之稻。不獨所受日光偏多。而雨露膏潤之澤。或亦較所種其他三處之稻為厚。則其發生之盛。將不知果由膏潤。抑由日光也。故欲知因確。當於試日光時。所差異者。僅有日光。而此外一切前事。莫不相等。又假使所消息者。存乎膏潤。又必獨以膏潤為差。而所受日。至於餘物。無稍殊異。是則消息試驗而已矣。

第二十一章　論物之以定時為變者即周流往復之理

第一節　太極之陰陽迭代

世間物變。往往周而復始。是謂往復。往復云者。其變自無始來。不知幾度。而後之為變。常如其前。而每度所占時間。又復相等。此如晝夜寒暑。乃至天星行度。潮汐弦望。莫不皆然。晝盡夜來。寒來暑往。其一則因地自轉。其一則因地繞日。終古不忒。將以無窮。此變吾國人察之極早。四聖作易。即言此理。宋之陳摶、邵雍、周敦頤諸子。又作太極圖象之。所言不過陰陽迭代。消息盈虛。由盈而消。由消得虛。由虛復息。由息漸盈。如是循環。至無終極。當日聖賢。意且以此。概之萬事。此其說是否可據。俟汝曹長。可自求之。今日雖言。且不了了。置之可耳。

太極圖

第二節　物變之因果

名學舉此。非以談玄。將求實事。蓋欲學者見有物變。周流不息如此。若中間有兩物焉。相待為變。當知兩物。或相因果。或是兩果同出一因也。其大法曰物變同時。相待起滅。是諸物者。當有繫屬。譬如吾人覺每日天氣。到下午時。常較晨夜為暖。假以熱表。按日早晚記之。積日累月。取其經數。將見下午三點。是日間最熱之時。此其熱由日。殆無可疑。日之出地。亭午最高。故最熱不在午而在三點者。以午後日之作熱。尚過於空氣退涼之度。至三點。氣之退涼。乃漸勝日力。故熱以此時而極。又以此法。類推每年最熱之日。約在大暑。其後夏至。計一個月。日晷以夏至最長。然最熱不在夏至。而在大暑者。亦以熱度進步餘力。過其初退故也。此事年年如此。似無他因可言。只是每歲地球繞日。日之照地。常以夏間。行天為高。而晝長夜短。過冬日耳。

第三節　日月潮汐之觀察

以上所言。本屬眼前事理。年紀稍長。閱歷稍深者。皆能言之。然有時以留心察觀二物相待之變。乃有意外之獲。物理大明。人智以進。前已言江海潮汐。乃往復之變。汝若謹而候之。登記每日潮至時刻。將知江中。常有早晚兩潮。而兩潮相去。約在十二小時二十三分上下。夫潮日兩至。其信而不忒如此。意每日之中。亦有與相待為變者乎。將以為日歟。則日以二十四小時為一周。與前法所謂同時起滅者不合也。窮思徧索。求每日之中。亦以十二時二十三分為往復者。固不可得。於是則姑求之月。若依庭柱月影。每夜記其復至前影之時。將知月行較日為遲。以二十四小時四十六分。復還舊處。此時間恰倍前時。於是有可思索者矣。

吾國之時憲曆。以太陰紀月。與東西諸國。用二十四節氣紀年者不同。故日本人謂我所用者為陰曆。謂彼所用者為陽曆。陰曆月首與合朔合。月半與對望合。合朔者。日月同在一處也。對望者。日月恰在兩頭。而地球居中也。如此。故合朔之後。日疾月遲。漸漸相離。至初三四。則於晡時。即見新月。愈離愈遠。明者漸多。而出地亦漸遲。至於月半。全明無魄。後乃魄長明消。至於二十以後。欲看月者。須後半夜。直至天明。汝若依前記柱影法。即覺月之行遲。每夜約在三刻鐘左右。而以日之一潮而論。其所每日遲者。與此正等。然則二變當相繫屬。或即因果。未可定也。至奈端出。用通吸力理。而後實證其然。更無疑義。蓋有質之物。皆相吸攝。地本吸月。月亦吸地。水以流質。得吸而從。其日兩潮。亦係力理。以有吸攝。即有推抵。是以兩潮。一在吾處。一對足底。若汝疑問。日力更大。如何海潮。乃不從日。則緣日遠。不及月近。雖然日力。亦有所施。是以朔望。後二三日。初三十八。潮勢最大。惟汝他日。治其學時。自能悟耳。今且勿思。

第四節　天文之觀察

一言夫日。則自十九稘初載以來。言天格物之家。所言日與地之相關者。亦至眾矣。侯失勒父子。皆言大大家。實測日中黑子。其大小多寡。每歲不同。並用照影之法。積測至數十年。知黑子最多最大時期。約以十一年為一度。如一八三七、一八四八、一八五九、一八七〇。是皆黑子最多年分。若中間年分。如一八四二、一八五三、一八六四等年。則又較少。然則日中黑子。其為往復之變。可無疑義。所可異者。天空中有一種奇異光彩。中國南人。所謂月華。他國人所謂北曉。❶所見於北方緯度高處為常者。亦有年分。多且奇麗。又有年分。少而平常。且其多時。乃與黑子之多相合。如見於一八五九及一八七〇之秋是已。若問日中黑子。何以能為北曉之因。此時所有。不外臆說。而無人能為滿證。但此二物。既已相待為變如是。則彼此相為繫屬乃無疑耳。

自黑子說出。而格致之家稱人間物變。與日中黑子相待為變者。為說頗多。此如各處電磁同時暴動。溫帶颶風。各處水旱之災。地震之變。乃至祈寒溽暑。逢年特甚。其與黑子相關。言皆成理。然而無定論也。侯失勒且謂人間穀價貴賤。視日中黑子多少為差。又商界厄年。以十一年半而一遇。又史記載計然之說。六歲穰。六歲旱。十二歲一大饑。其時期。皆與黑子之往復相若。諸如此說。皆有待於發明。發明之時。民智又將大進。但中國少年。所治學科。多因此種。不足為致身階梯。相率不學。必經人先發明。大利人事。而後從而乞之。此所以長為劣種。而於勢力競爭。必無幸也。汝曹深思吾言。戒之而已。

附註

❶ 月華之名極劣。因此現象呈時。不必有月。

第二十二章　論試驗後推證

第一節　試驗與推證

若謂試驗即內籀術。從之可得物理公例者。其說大誤。試驗所得。不外事實。由此事實。乃施推證。今有兩塊堅冰於此。吾將其一。包之以氈。其一不包。見得包者融遲。不包融速。此只是兩處察觀。由是思維。凡冰包氈。常比不包者耐久。此層乃入內籀範圍。然非內籀善者。何以故。若四周天氣。咸較冰度為低。二塊之冰。皆可耐久。前例又非實也。

第二節　遞察現象之變

故試驗所得。事實而外。無所有也。必謹慎推證。始得當然之例。當然之例何。曰凡因同者。果莫不同也。見於今日者如此。見於他日者亦然。只要事境真同。其例必信。其貌同實否者。非所言也。故試驗之便。在於現象見時。研究者。於一切前事外緣。可以備知。又可一一變易。遞察現象亦從而變否。由此可得的因。而知餘事之無關效果也。更以冰融為喻。欲得真例。即須將室中空氣熱度。按表謹志。又須看日光是否照射屋中。爐火能否相及。與乎前後左右之有暖物否也。

第三節　現象之前事外緣

惟於一現象之前事外緣。能以盡悉。而後內籀。乃有依據。此常法也。然前事外緣。有時不可盡見。試驗者自以為盡。而實未盡。則所呈效果。出乎意外者。亦時有之。化學家分驗雜質。合煉原素。自以為執因責果。必如所期矣。而有時所得乃出意外。更察原因。乃知所忽。或遇暗藏新物。誤認舊有。則物德既異。效果自殊。展轉研求。方知其故。化學中所列新品。往往由此出也。

第四節　推概之法

由察觀試驗。推而得物理之常然。著為公例。用以逆覩未形者。是謂推概之法。推概者。就分立之事。而得其所同然者也。分立之事。其為吾所親見者必有限。而吾例所統攝者常無窮。特必於其倫而已。是故推概名學之所謹也。推概善否。視所見之事之多寡矣。而尤視所呈現與觀試之者為如何。故其術又宜論也。

第二十三章　論如何而後可以推概

第一節　常人推概

人類推概事理時。大抵執其所知。以概其所不知。顧始為之時。何以信其可恃而不誤。則真難言者矣。如造酒之家。動儲百斛。有人欲將此酒買去。輒取一栝嘗之。信為佳釀。無他。以造酒家言。百斛酒味。從同同也。又如市上買棉買茶買糖買穀之商。先看樣貨。便與定價。亦以諸賣主言。此項樣貨。並非特設。所售之貨。與無異也。然則當為此小小推概時。固先有人誠信擔保。乃能舉一而知其餘。

第二節　見聞有限

獨至天然萬物之中。為擔保者。又何人歟。假有人言吾一生所見石子。拋向空中。莫不墜地。故知一切石子。有拋皆墜。更無疑義。此其所言。據何理實。而非武斷。蓋彼所見。與人所見。無論幾何。終歸有限。

何因執此。乃概無窮。篤而言之。欲為此者。必資內籀。如第十五章第五節。及第十五章第十一節。所詳言者。既由察觀後乃臆理。姑為立例。以便外籀。外籀悉合。末乃印證。必如是為。而後例立。例立之後。推概由之。古今哲人。莫不如此。顧其所得。則亦僅云。凡物之有數德相同者。至其餘德。或可盡同。夫或者疑詞。則知此中。雖有等差。並無絕對定見。夫例經內籀。尚且如此。而況淺人。只據見聞。即行推概。如見其鄉。凡豕皆黑。即說豕無白者。夏蟲不信有冰。井蛙不信有海。安足據耶。

第三節　推概之指南

是故研究事理。欲為推概之事。只有一法。可為指南。見一種物。有數德連屬並呈者。須行更察。他時他處。此數德者。果連屬否。無一異否。而後其術可施。淺而言之。即見事物情形。相續呈現。須在在察觀。見得無地無時有或呈現非相續者。而後可推概也。再舉石墜一事為言。譬如汝見石子。每擲空中。究竟墜地。而他時又見木板、銅錢、樹葉、鳥羽、乃至紙片游絲。使無風時。一律皆墜。汝便思維。如是諸物。皆是有質凝定。無關色澤形式。大小死活。及他不同。莫不墜者。由是更為留神。乃見流質。情亦如此。最易見者。樓頭瀉水。雨落空中。因此更思。原來墜地。不論凝流。但是有質。莫不如此。便爾自問。世間萬物。有不墜否。舉頭見雲。煙霧塵埃。似非墜者。但更察觀。知其亦墜。其暫飄浮。以風阻故。然則天風。真不墜者。研究更密。知亦不然。但遇真空。空氣亦墜。且其遲速。同於金石。如是乃知。凡世間物。莫不親地。無上升者。凝，流，氣，三。皆所不論。所以諸物。莫不有重。即至輕氣。亦有可稱。重者墜因。云何不墜。雲烟浮天。猶木浮水。今見其浮。便云無重。有此理否。終乃推概。凡有質物。非有沮者。莫不親地。如此推概。其例乃堅。愈證愈實。不可復搖。及至奈端。講通吸力。乃知大地。於前諸物。猶是一端。大宇之中。月亦親地。其不墜者。亦緣有沮。太陽八緯。至於恆星。河漢星球。恆河沙數。莫不皆然。互相吸推。成此世界。

第四節　推概可能有誤

欲論推概得法。今為更舉一端。即如汝昨。用鎌紙等。造汁吹泡。鼓起空中。若輕氣球。見種種色。縹碧紅藍。至可觀悅。由是汝心。即與推概。凡鹻汁色。皆若彩虹。及驗鹻汁。乃知說誤。欲知此彩。發現緣由。但凡遇彩。皆須研究。如是他日。見池水上。忽有五彩。及細察觀。乃知松油。流泛水面。成極薄者。而受光影。故現此色。今此浮油。與前鹻泡。初無所同。但皆薄耳。有時障檻。用厚玻璃。奴子不慎。致有亹裂。然而未離。遂於裂處。見種種色。與前二同。但稍淡暗。又取二片。極平玻璃。以面合面。黏成為一。則當合處。又復見彩。如是思維。鹻泡浮油。玻璃亹裂。及二面合。有何同因。致此同果。思維思維。乃通其故。凡物極薄。又係透光。人眼見之。當現此色。鹻泡之彩。鹻極薄故。浮油水面。亦係極薄。玻璃裂綻。與二面合。皆係天氣。為薄中層。而四物者。又皆透光。所以受之。成種種色。此於其初。亦係臆說。及後印證。見凡極薄。又透光者。莫不從同。乃成信例。即如珠光。及至雲母。其有彩者。皆由此因。蓋珠雲母。其成之時。層層生長。而又極薄。玲瓏通透。遂發虹光。以其美麗。人爭貴愛。（編者按：據《康熙字典》鹻，从古斬切。音減。鹹也。）

第二十四章　論以比例相似窮理之術

第一節　比擬

當此小書開首之時。吾即告汝。凡尋常人揣測事理之法。❶大抵由似求似。以甲例乙。如見美洲加里方尼諸山出金。及到澳洲。見南衛諸山。岡巒起伏。大勢相似。即作思維。彼既有金。此亦當有。又食一橙。及見他物狀類橙者。則亦思維以為可食。如是思辨。名曰比擬。比擬之術。微異推概。推概云者。以少概多。比擬之事。以甲擬乙。前以統多。後以御少。故比擬大法曰。假有數物。其品德中。數處相似。或其他處。亦即相似。

第二節　審辨

譬如汝行。路遇一物。乃鐵造成。後有湯爐。前有汽鼓。氣抽曲臂。莫不備具。汝若前者。見過汽機。而能分別。則今見此。即云汽機。其中尚有汽鞴水管與過汽囪。諸不見者。皆所應有。人類認物。皆用此法。為之既久。若不自知。又如有人。與汝小元。試思如何辨其真假。汝將擦摩。試其銀色。又知銀舊。所現黑影。自成一色。非灰非紫。最難偽造。假其見此。自然是銀。又看堅輭。試擲求聲。嬰熒入耳。與銅迥殊。終看印紋。清徹分明。文字端好。與官局造無有差殊。如是即受。心知非假。其質乃銀。稍有銅雜。即經爐火。不成假元。

第三節　由似求似，常非斷然

雖然如是。世間假元。隨地多有。人或認假。信以為真。是故比擬究易失誤。由似求似。常非斷然。試為舉之。鄉間小兒。食椹而甘。出游林中。見相似者。采而食之。不料有毒。或至致死。菌之毒者。西名蟾廁。人或煮食。誤謂香蕈。故欲別采。須人指示。晉史蔡謨。蟚蜞作蟹。二螯八跪。形似性非。誤取食之。遂致狼狽。凡此皆用比擬之術而得誤者。此種別識。不獨人能。鳥獸下生。固常為此。受擊之狗。見杖而逃。汝若伏地。彼謂拾石。將以擲之。即使無石。亦疾馳去。孽雁驚弓。至於自隕。山鸞舞鏡。以影為雄。對之悲鳴。至於氣絕。比擬之誤。如是如是。

第四節 格至之術，不可不慎

雖其術用之不慎。則往往多誤。然而格物諸科之中。用比擬之術而通者。固多有也。人由地球而比擬星球。輒謂一星為一世界。於是更推月球。謂其如地。亦有山河。雖然。山則有之。月中黑影。若用遠鏡窺覘。處處皆作皴皰。又此皴皰。當明魄交界之處。其影特長。至正受日光。其影乃短。而或不見。此如地上諸峯。方日出入。影長橫亙。至日卓午。影短而極。古人謂其陰暗之處。乃是河海。及用大力遠鏡。詳審窺度。乃知月裏實無江河。不但江河。抑且無水。所以月輪。已成頑石。其與大地無可比倫。汝學天文。當自知此。

第五節 推尋之術

有時物似。至於極端。則雖比擬。亦可無疑。譬如有人。剿襲文字。稱為己作。與原對勘。一字不殊。此自不能謂為暗合。若用意殊。斷無通篇。偶爾俱合。又若數表。中但數目。若皆不錯。二本應同。乃今二本。

此本所錯。彼本亦錯。則亦相襲。可無疑義。絕無他說。可以解免。汝行山岡。每見岡石。起伏隱隱。有似水波。如海濱沙。潮退所成。又見幾處作小空穴。宛如沙面。經大雨點所滴成者。更行數武。見石上痕。有如鳥跡。有如蟲書。又有他跡。不可名狀。亦如岸沙。當溼之時。受種種印。今試借問。此石上影。與海岸沙。何緣相似。至於如此。則地質科。將告汝云。此間岡石。雖極堅殼。乃元始時。億兆年前。海岸軟沙。所成就者。地質全科。推尋之術。蓋多如此。融會貫通。蔚成專學。其大法義。謂古同今。川流山峙。雖極離奇。至其漸成。在太古時。其原動力。與今所見。毫無有異。

第六節　火星似地球?

行星之中。最似地者。莫如熒惑。詳細窺測。熒惑之上。有明有暗。暗者為水。明者疑陸。又其二極。皆有白趺。如花蒂然。附於其上。又此二趺。若加審諦。近日即消。遠日便長。與地二極。所謂冰海。正復相同。由此可知。熒惑之中。固有冰雪。以有冰雪。自有雲氣。其中有水。殆無可疑。其色紅者。亦以水故。水氣受日。往往成霞。

第七節　慎用比擬術

篤而言之。用比擬術。固非勝法。為之而過。輒成誤端。所可言者。兩物相似。同點既多。將其餘點。亦無有異。若此餘點。與前同點。密切相關。則其亦同。殆更可決。即如熒惑。上言有水。由是推想。必同大地。亦有風輪。雲行雨施。一切相似。由是人言。然則其中當有生物。為植為動。萬品滋生。如此推想。至於極端。斯其所云。難以便信。蓋如是云。必先明白生物之來。由於氣水。然而此例固未立也。

第八節　窮事物之變

凡以比例相似之術窮理者。似只由物及物。於內籀外籀諸術。全未用到。而其相及也。亦但臆料為然。實不足視為斷決窮極之論。欲為窮極斷決之論。必待心知所以然之故。而心知所以然之故者。其術在即異觀同。籀為公例。既立公例。復以此例。用外籀以窮事物之變。驗其符合。然後例立。而所以然之故可知。此如火星二極白跌。便可施用此法。何以言之。以冰雪見日而消。此乃常理。而大地北溟。其間冰界。冬長夏消。人所親見。是故火星白跌。所以消長之故。依外籀術。有可言者。獨至推類而極。必謂火星如地。亦有生物。則以前術。有不可用。蓋生理之學。雖進步至多。然至於今。尚未有人能言大地之上。實從何時始見生物。而元始之際。由冥頑無生之物。忽呈生機。任何簡單。皆莫能通其所以然之故。是故火星雖有水氣。究不能由此外籀。云有水氣。即有動植也。

第九節　論事比擬，往往而誤

世人論事。因多比擬。然而往往而誤。即如數十年前。英人多謂電報。宜為極賤之費。國有之利。將以愈多。又謂鐵路宜不計遠近。收一律腳價。意謂各國郵政。皆定至微之資。大抵每封不過一銅元便足。而明片新聞紙半之。然而郵政日盛。國家以此為經入大宗。又報館收價極微。以閱者之多。亦得厚利。由此類推。則電報鐵路。何獨不爾。不知此但臆料為然。所謂知一而不知其二者。其二云何。郵資輕減。其所以獲利愈豐之故。彼固未之或思也。

第十節　觀所以然之理

使其思之。將見報之所以價賤而有利者。非因價賤賣多。遂有利也。乃因其報。既已廣通。登布告白者眾。告白之利。遠過報資。電報鐵路。并無此利。即若郵政。所以成國家經入大宗者。以一郵丁。持百千封信件。如持一封。方其傳遞。不見加勞。而郵局無添雇胥役之費。所以寄信日增。郵政之利日厚。若夫電報。乃大不然。數遞之報。必不能同時而並發。勢必一一為之。是故求通之人愈多。則電局員胥。比例增眾。假使取資過微。將成利不抵費之事。凡此誠人所易見者也。是故論事。但為比擬。多誤如此。欲求免此。必自其所以然之理觀之。而觀所以然之理者。即用內外籀術也。

案電報性質。固與郵政迥殊。報資過廉。將以失利。顧吾國電費。實是過貴。坐此不成便民進化之政。不得以前言藉口也。篤而論之。宜援照各國成法。令用費一圓。可打二十字。地址在內。周行全國。並蒙遼新疆西藏各屬。庶幾為適中之政。而吾民亦以此而得智識開通生計發達之效耳。

附註

❶ 第二章第一至第三節。

第二十五章　論各種詈詞

第一節　思辨致誤

齊桓公言管仲既教以所善。又教以所不善。故學問之事。既告學者。何道可以得是。亦須告學者。何道將以成非。又如遇人問塗。既告以應行轉彎處所。及左右方向矣。欲其無誤。又須誡以何處不應轉彎。庶不至如田父之教項王。乃使陷大澤中也。名學教人。理亦同此。故其書既論名詞內外籀諸術之後。常有一卷。專論詈詞。

第二節　詈詞之受病在術

夫有眶無睛者謂之詈。井無水者曰詈井。然則徒有形似。而無其實者。皆詈也。故不佞於似論辨而實無論辨。抑論辨而所得非實者。名曰詈詞。詈詞者以辨而誤。以辨而欺者也。雖然。詈詞與妄語妄意殊。詈詞之受病在術。以用詈詞。而後語妄意妄也。譬如有人。謂天氣之變。以月為因。此成妄語。以經歷久。察觀研究。知天氣之變。初不關月。而名學所指智詞。重在用思之非。以用思之非。而信月有變動天時之能力。方其始也。必有當弦望而天氣之變偶與相合。而其人見此。以告其鄰。其鄰回念平生。亦記一二天時之變。適當弦望之時。遂若以此為信例者。雖然。此思辨術謬。而智詞之所以成也。其所以成智詞者。以其思辨之頃。第見數四相從之境。遂以二境為有因果相關之實也。

第三節　思辨內外籀之事

夫一年之中。非遇閏者。月之合朔對望各十二。而每月天氣之變。大抵四五遭。則弦望與天氣之變偶合。可有之耳。不足異也。顧俗人之為是說。非必自為察觀。經歷久之驗也。猶談鬼魅者然。不過常聞人言。不加覆審。而遂信之耳。是故此人固未為思辨。未為思辨故其持說。尚不足以當智詞。直是昧然學舌。妄意迷信。名學之稱智詞。必待有思辨內外籀之事。然而破律。其所得者。乃足當之。故曰智詞與妄意迷信有分別也。

第四節　成智之理

總之。由思辨而誤。其所得者謂之智詞。汝曹應記。吾前論外籀時。業將所以成智之理。持出數條相示。大抵轉換詞頭。演用連珠。皆有一定法律。破犯法律。立成智詞。譬如云尋常蟲類。❶皆有自動能力。今所見之物力能自動。故所見之物乃屬蟲類。如是云者。破連珠第三律令。成不盡物中介之智詞。如第十一章第十節所指似者。乃至他律。如破犯者。其所成智。各有名字。如破第一律者成四端智詞。用兩原詞例案皆負者。成兩負原智詞。使學者於前論外籀數章。能有理會。斯所成智。皆能指其受病之故。雖然。此等尚不常犯。即未習名學之人。但於事理洞明。自知駁斥。而尋常言論。所最易犯者。在用歧義之名若詞。而不自知。故不佞於下章乃專及之。

附註

❶ 賅人畜言。

第二十六章　論歧義眢詞

第一節　詳審字義，可避歧義

歧義在名可。在詞亦可。所謂歧義之名者。以一名而具兩義。或數義也。當知一名而具二義。於法實與二名無殊。法於發論之先。應先聲明。所主何義。庶免成眢。假如有人言。彼所得病。乃屬傷寒*。而祛一切之寒*。法當用熱。是以其病。用熱可祛。此人所說。即為歧義眢詞。何以言之。蓋連珠中所用寒字。實具兩義。一是疾病之名。一是天氣程度。傷寒之病。雖或因外寒而起。惟成疾之後。變果繁雜。發熱項強。及他種種。豈得視此。同於天氣之寒。而祛以熱。是故此連珠中。其第一案詞。所用寒字。與第二例詞。所用寒字。義絕不同。故此連珠。實用四名。犯第一律令。而成眢詞。瞭然可見。顧此猶其易見者耳。而他處所用歧義。或隱約難明。非詳審字義精熟名理者。不能見也。

第二節　刑名之學，爭在一字

英議院立法。禁民行乞。於是有人。據此法律。謂慈善募緣。亦干禁例。其連珠云。一切行乞於法有罰。而慈善募緣亦行乞者也。是故慈善募緣於法宜罰。一時聽者。雖心知其詞為詧。顧倉卒無以奪之。又其事頗有關係。以法固必行。則慈善士女。持冊募乞。固可捉拿禁繫。與游手流氓同科。不知行乞固自可罰。惟法中所謂行乞。其義固不止乞。係指恃乞自養。不事生業之徒。法罰之者。以其惰懶自私。煩擾社會故也。此義若明。慈善募乞。意以救災為人。己無所利。自與大異。烏得執行乞一事之同。而等量視之乎。

詞訟之際。往往引據出入。所爭在一字間。此於刑名歷史。所屢見不一見者也。蘇格蘭北部。地產一種黑石。土名澤煤。可造石油。採者因以有利。於是訟興。糾纏累月。其兩造所爭。一則云此物既名澤煤。自然是煤。故其利應歸地主。一則云其物雖名澤煤。卻非是煤。故其利應歸佃家。其所爭在一名而已。又兩國條約之中。坐用字不詳。無斬截清了。不可誤會之義。由之失和成戰者。古今眾矣。即如英美往者阿爾巴馬一案。因英人於南北戰時。曾為南花旗造船。美人怒之。幾至決裂。坐合同中用支配兵船四字。蓋據當時公法。中立國建造發售兵船。理無不可。獨不得將戰具整備以與其敵。然兩國於支配二字字義。界說不同。此所以紛紜綦久。莫能決也。

第三節　古今觀念有別

尚有於社會有絕大關係者。如當法國第一次革命軍起時。其國哲家如盧梭等。輒謂國主帝王。乃通國公僕。言僕則主存。而主為誰。通國之民是也。是故國主帝王。宜聽通國人民指揮。有不然者。是背公理。言此者不自知其為歧義習詞。夫謂國主帝王。宜勤民事。所行之政。宜以國民幸福為期。誰曰不然。顧如是以事國民。與編戶之家。所用隸役。供奔走而仰指揮。月廩傭錢。以雇主之喜怒為去留者。固無幾微之義有相合處。又安得以此例彼乎。又如代表政制。議員為鄉邑所舉選。而舉者之意。遂謂此人。既我所舉。又有代表之名。所以其人一入政界。斷議出占。必如舉者之意。此其誤與前略同。將不知選舉議員。所必求通達政體之人者。政為彼得自申其意。用所知識。於吾人庶幾有利。若必如舉者之意。則遣一走卒。示以吾所欲為。或與以限制可耳。又何必選舉為耶。

（案。今新學中所最足令人芒背者。莫若利權人權女權等名詞。以所譯與西文本義。全行乖張。而起諸不靖思想故也。）

第四節　歧義成眢

歧義成眢。亦有種別可言。可略分析。如前第四章第五節。謂初學人。多不謹於總稱公名之異。而辨理不明者。此其一也。今假有人言軍機處為老成所聚。其用人行政。當有明識公道。此其言近是。乃今據此。而云某公係軍機處人。故其用人行政。必具明識。必秉大公。則不待其辭之畢。而識者笑之矣。何則。軍機處乃總稱。而軍機大臣乃公用之名也。顧此眢易曉。而有時眢理同此。而所以眢難知。此名學之所以諄諄為誡也。即如前第十六章第三節。所舉狄子奔一案。法堂斷讞之後。論者頗以為譁。彼以謂供證此案之人。一一可以忘誤。故全體供證。皆可成虛。又以謂被告供狀。雖多可疑。而事經久遠。一一皆可有者。舊能法語。可以忘也。其母之名。可以不記也。所居軍標數為第幾。可以亂也。所搭離英船名。可以誤舉也。凡問官所勘鞫者。皆可如是言之。不知人以久遠之故。於少時經歷之境。如前事者。隨舉其一。各可遺忘。獨至總而觀之。謂其身尚為此人。而於一切前事。盡可遺忘者。則理所必無之事。故問官所勘。散之則或皆甚輕。而總而合之。又關至重。而於此案。又庸譁乎。

第五節　見偏未見全

又如工聯社會。其思想成習。亦坐見散之利。而未嘗見總之害。譬如石匠。以工庸低微。羣議減收童徒。使供少求多。庸錢可以增進。不知一業如此。他業效尤。逮至業業皆然。斯百貨踴騰。害在社會。庸錢雖進。不敵費增。又何益乎。夫其理廓然言之。明白如此。而能見之者。乃無幾何。此所謂生於其心。害於其事者矣。

第六節　見分不見合

又有一種俗人。思想成習。致亦由此。譬如地方籌辦公益事業。則云某甲饒有家資。理合舉重若輕。多捐款項。助成美舉。設或不爾。則訾其鄙吝。但知守財。夫守財之夫。世原多有。第彼不知。使捐助之事。社會只此一端。則謂某甲舉重若輕。不當吝惜可也。顧社會之有望於某甲者。豈僅今茲一事而已。此事云爾。他事亦然。至於紛至沓來。雖有猗白之家。可以立毀。故求者見其散者之易勉。而不見其合者之難為。此責備富人之談。所以無已也。

第七節　見合不見分

然而吾輩論事。有與此相反而亦成智者。何則。上節所指。乃見分而不見合。此之所論。乃見合而不見分也。假如有人。謂一軍之兵。可以取城奪壘。繼遂云軍中人人能以取城奪壘者。此其謬妄。夫人知之。白羊所食。過於黑羊。黑羊數寡。白羊數多。政府閣部諸公會議。而長策出焉。不見是中人人。皆能畫為長策也。

第八節　含糊之詞

以上所論。大抵皆字義渾歧。而思想坐以成智。然亦有詞意含糊。而用思由之以誤。如古諺云。但肯用力。事無不成。細審語意。極為含混。以理揣之。當是云用相當之力。以圖可成之事。不然。真不知其何以云也。埃及人建金字塔。秦人造長城。勒塞伯思開蘇爾河。十八世紀之法儒。共編智環類書。凡此皆聚無數人之力。以成一業。斷不能責一二人之但肯用力。而遂以期成甚明。又其所謂事者。人人言此之時。意中若有其所謂事者。不相謀也。故此諺雖相傳綦久。而自吾名學言。直謂之毫無價值可耳。又諺云。人所曾為。人所能為。由此言之。吾固人也。以此為例。吾當扛鼎如夏育。作賦如司馬長卿。書若鍾王。武若拿破崙、克萊武。發明新理如奈端。煉鋼如白思美耶。有是事乎。意此諺之意。當謂聚古今無數人類。其中宜有辦此者耳。然則所言猶無言也。須知古諺建言。往往見稱明智。政以其渾涵不落邊際之故。其入人在此。其誤人亦在此。欲據之以求真理。猶晉人赴越。而北其轅。窮歲敝精。必無一至。至於立契約。張法令。講國際。求免訟端。尤不宜造為游移之詞。而夸之為活著之巧也。

第九節　字應有定義，言應有定意

字有定義。言有定意。此思辨之始基。而名家之所謹也。非是則思辨事廢。而成詧詞。向有人故用此術。以證雞三足者。可用發明前說。其連珠云。

一雞自比無雞為多兩足。

而無雞乃一足者。

是故一雞乃三足也。

又有一則以正式連珠為詭辨者。如左。

世無旨酒可為過度之飲者。

人飲水時世無旨酒。

是故人飲水時可為過度也。

此二連珠前以無雞。後以世無旨酒。為之中介。驟視初若中律。顧實例案兩原皆負。依法無由得委。❶此所以皆屬詧詞。不佞意周末惠施。實操此術。故莊子天下篇後幅。所載多弔詭之言。

第十節　遁詞

又有辨難求勝之人。與律師為有罪之人作辯護者。其常用術。在以閃爍之辭。證一與本案若相關而實不相關之事。使聽者茫然。遂信所言為有理。如愛爾蘭人作賊。經三人指證。言親見其人為此。而此愛爾蘭人。則用三十人作證。皆言未見其人為此。又如一人見謂奸細。彼應之曰。吾非奸細乃薙髮匠也。又如一人聞一朋友忠告。知其語之皆是而無可非。則轉而云。足下教我是也。但若某事某事。是足下持其說而不能自行也。不知雖有湛湎之夫。方其論旨酒亡國。固自不謬。夫以言者之素行。攻所言之非實。此在名學。是為證所無涉。而正謂遁詞者也。

第十一節　托詞

又有一種危險詧詞。尋常名學書中。多未論及。其破律之理。與上節略同。則見證辨不明。即謂反對所辨者。為實不誤也。試為譬之。如西國審判。甲告某乙嘗於某處某時。作為犯法之事。若某乙能集人證。自明彼於某時。實在他處。自然所告成誣。此在法典。名阿里排。（alibi）譯言在他處。但公堂之中。若有犯人。證一阿里排而不濟者。常大為聽審員所疑惡。雖有他說。自明甚難。此律師所共有之閱歷也。近有一人名塞基。經人告發。於某夜一點鐘時。曾在包渥街。撬窗作賊。塞集人證。自言彼時實在白堂子。此正律家所謂證阿里排者也。乃後經問官覆鞫。塞在白堂子真實時刻。係十二點。其一點鐘。係在何處。尚未明白。顧聽審員譁然。謂塞於一點時在包渥街作賊是實。顧自吾學言之。則欲判此人作賊。尚須他證指實。如塞基素日行徑。與作阿里排時。其欲藉此自脫之意。了然可知。否則此案。未可定也。

第十二節　姑懸之說

立一說於此。雖經千百證而不能明者。不得謂其說為遂妄也。此如當力學幼稚時。學者欲證平行形力理。經多人而不得其術。後所用術。亦係丐問智詞。（說見後節）然而平行力理。自信無疑。顧此尚為力質科學之事。他若造化真宰。靈魂不死諸說。乃至佛氏所謂輪迴。所謂真性。雖從古至今。經無數人。欲證其實。而其說自名學觀之。皆非滿證堅確。不可復搖。然而哲人於此。終不敢直斥其說為虛。但云人類聰明仍短。未足與知。姑懸其說。存而未證而已。

第十三節　丐問智詞

上節已及丐問智詞。此係智詞大宗。而中國舊學。無論哲俗諸家。犯者尤眾。顧此智不祛。將一切窮理。皆同自欺。雖貌極精微。於真理實用。毫無有當。誠初學人所不可不潛心體翫。力矯其弊者也。

丐問智詞何。先坐實所欲證者。而後證其說之為實也吾人於聽讀一論說時。往往以所言順澤。最易被其瞞過。又其發現。有數式之不同。此皆不可不詳說者也。常見世人。每以己意。先與物以定名。後乃從名說理。不知當為名時。吾意已有定屬。後來說理。仍是吾意之理。與物何涉。試為設譬。如有聖哲之人。與一數歲童子。同立玻璃窗間。察視外景。其時二人心中。可以同時起念發問。吾之目中視線。何以能洞玻璃。而見彼邊之物。夫玻璃水精等。何以獨通視線。而他物不能。此自無始來。無人能對者也。乃忽有人從旁作答曰。此無他。因其物之能透光而已。聽者唯唯。常以為然。不知此正名學所謂丐問作答者也。試問對者所云玻璃透光。與云玻璃能通視線。有何分別。彼心啞然。然則先生雖對。猶無對耳。法國詞曲家摩利耶嘗於一曲以此打諢。至堪發笑。有一鄉人。以其女瘖不能言。問一名醫。以所以致瘖之故。醫曰。此極易曉。只因失了說話能力之故。鄉人曰。固也。特吾欲知其所以失此能力者耳。醫曰。此經諸名醫論過。但是喉舌不得其用者。皆如此也。

相傳禪門機鋒語。問曰汝從何處來。答從來處來。又問曰。汝從何處去。答從去處去。又言行錄載。程伊川一日與邵康節爭雷起處。邵曰。子知雷起處乎。程曰。頤知之堯夫不知也。邵愕然問起於何處。程曰。起於起處。邵稱善。不佞見此。輒歎當日作此語與記此事諸公。何不默然。

汝曹須知。若以名學法例。繩吾國九流之學。則十八九皆丐問眢詞。而謬學相傳。猶自以為微妙。此中國窮理之術。所以無可言也。試舉星學占驗。則星象昭回。某為句陳。某為帝座。某為王良。某為旄頭。此為天之所自名。抑人之所命耶。既以意妄命之矣。乃又以意為之推。謂某星乃主朝廷。某星乃主胡虜。某主馬匹。某主兵戎。芒角動搖。駭愕相告曰。某事當驗。此何異先名其子以回。乃謂其將有簞瓢陋巷之貧。又當三十二歲而死耶。又如醫藥治療之術。凡用陰陽五行。皆真囈語。其悖謬之尤。乃至謂白色之藥。宜於入肺。酸味之品。足以斂肝。詳而列之。不勝僂指。吾非好為眢古。顧幸生今之世。大夢差醒。有灼然瞭然。知其說不與摧陷廓清。猶將誤人於無已者。故垂涕泣而為吾黨一及之耳。

第十四節　欲加其罪，何患無詞

此等眢詞。其常見於世俗者。如於人物事義。先加惡名。而後從而議之。秦檜欲殺岳飛。先謂其謀還兵柄。而不待證據。又謂其事必須有也。今如有連珠也。

凡大逆不道者應誅。

今某甲乃大逆不道者也。

是故某甲應誅。

此但自連珠觀之。固為正式。然加諦論。實於事理無所辨證。蓋法律所謂大逆不道。便該應誅在內。無取分剖。所重者。律中大逆不道四字。係作何等界說。而某甲所為。是否與此界說尺寸相合也。西諺有云。與一狗以惡名。而後從而縊之。此言雖小。可以喻大也。

第十五節　呈詞

夫以考試求才。固出於不得已。而近時有怕考人。喜謂考試乃憑一日短長。且所試者乃急就成學。終歸無用等語。此其言雖若近理。不可用也。蓋言者意中。固先坐實應試者悉係憑此一日短長。而人人成學待試。皆急就者。斯大謬也。如有考生。於幾何本不甚熟。於臨考之夕。強記一首。次日適遇此題。盲然寫進。此真急就徼幸。得呈一日之長。而考官所得之人。除記性尚清而外。他長似無可恃。但如有考生於幾何數卷。本所精熟。又其對答。心知題意。與強記懸殊。則雖如說者所云急就。顧急就之法。亦與前人懸殊。即使他日忘之。其人腦力固已受此科之學正式淘煉。固不得以考試為無用也。

第十六節　丐問名詞

若云甲乙人才。宜以學堂中平時所得分數優劣為據。則試問以素不相習考官。於赴考人。雖極秉公考驗。尚慮遺珠。而學堂分數。以素相親近之教員。於在堂諸生。豈無上下其手之弊。如此。則其術又窮明矣。總之。先主一定成見。而後發議證其為然者。其於名學。皆為丐問之智。而前列大逆不道。憑一日短長。急就等語。如是用者。皆號為丐問名詞。凡此皆學者所宜致慎。而不可為之聽熒者也。

附註

❶ 見第十一章第六節。

第二十七章　論內籀智詞

第一節　推概難在能無誤

常智用思。大抵見同謂同。用此推彼。而不察其物之真同與否。此於前篇已解其術之難恃矣。譬如有人。見人服藥得益。便謂此藥既益於他。即當益我。既愈某病。即當亦愈此病。豈有是處。學者須知妄行推概。幾於人人心德所同。根諸天稟。故人非能為推概之難。難在推概而能無誤。夫遇相類之物。等而觀之。人之心習。自幼至老。固常如是。小兒初生。嫛婗學語。見鬚眉者。呼之為爸。見巾幗者。呼之為嬤。彼不審所見之有異也。一狗被杖。見杖即逃。雖在仁人手中。彼不知其必不用也。雖然。豈獨狗與嬰兒。有此誤哉。即在長者學人。苟不致詳。其推概之忽。正同此耳。

第二節　由常推特

交通既便。旅行日多。方其遊歷一國。大抵行則由鐵路。居則在旅館。如是而歸。遂作遊記。觀其所論一國之民。常用所遇於旅館車中者。以為推概。假如在彼受欺。則謂其國之民。多不廉而作偽。如遊蠻野之地。所遇多非其地上流之人。上流之人。非旅行者所易遇也。而此客後日著說。必用所見為推。即如新幾尼亞。海濱居人。前為海船商人所魚肉。由是繼至者。每為居人所惡而不親。而歐人遂謂幾尼亞全部。反對白人。若出天性。中國人之視白種人也。廿年以往。幾人人同於鬼魅。十年以降。又幾人人皆屬文明。甚至但是外人。性同一律。不問為歐為美。為西為東。凡此皆妄於推概。害事實多。雖在勝流。殆所不免。

第三節　取特論常

夫以所見推所不見。而絕無定理公例。行於其間。此直謂之妄意可耳。非思辨之事也。夫百斛之酒。飲其一桮。決其餘之醇醨盡當如是者。❶以一缸之中。先已相和。無高下也乃若他事。如一國之人民。固無術為此。則非閱人綦多。異地異時。異業異位。皆已徧觀而盡識之。又安得為冒然推概之談。而不誤耶。然此猶是目擊者也。至於鄉里士夫。誤解老氏不出戶知天下之語。購閱報紙。信其皆實。則於風俗政事。必多謬悠。夫釣奇炫聞。鋪張揚厲。造新聞與讀新聞者。皆所深喜者也。而庸言庸行。日用常行之境。大抵置不復書。即書之而人亦不留目也。如數年前抵制美貨。各處報章。與沿途揭帖。皆言美國之待華人。如何野蠻無理。至於考驗事實。乃不盡然。即使有之。殆不及所言者之百一。當曾文正公辦理丁沽教案之日。幾人人以為媚夷。當李文忠公辦理甲午東事之時。幾人人以為賣國使吾黨而心習如是。則於名學內籀之術。遏乎遠乎。

第四節　由特言特

英國工界。始合為工聯時。往往為人所詬病。然而詬者過也。蓋工聯結團體。立規則。責共守。後有一二背約。則痛懲之。往往蹈不法事。於是輿論大譁。視工聯如蛇蠍。一若一切工聯皆不法者。而眾議始。大偏矣。蓋各工既自為聯。聯聯異約。至於工人性質。文野尤相懸殊。今國人乃取其中最不法之一二。以槩其餘。相與抹殺。豈理之平也哉。

第五節　推概三智

前三節所論。乃泛言純任心習。妄行推概之病。顧分析言之。此等詧詞。乃有三種。有時一例所及。然者甚多。而某事情形。實非前例所及。不當概論。昧者不察。妄為概之。是謂由常推特。其詧一也。有時事理。本有特因。非泛常所得比擬。妄者不察。且謂一一皆然是謂取特論常。其詧二也。有時二事。本皆特別。忍者漫以為同。是謂由特言特。其詧三也。以下數節。分論三詧。以見內籀之不如法者。而吾之名學淺說終焉。

第六節　由常推特成詧

由常推特而致誤者。如化學及植物學公例有云。一切植物。藉日光照曬。吸合炭氣。而得盛長。其例所及本廣。故使取一尋常草木。置諸窰窖之中。不為陽光所及。則生長難。此常例也。然而薯蕷山藥豆芽之類。其所用滋養之料。先已藏諸根芋❷之中。故雖置諸暗室之中。但得暖氣。即可萌達。菌蕈苔耳。其性質原與有花植物大異。苔耳諸物。能於土中吸收炭質。不待陽光。與他草木收取空氣中炭質者殊。巴黎人所食毛菰。皆生城下地道中。又有一種可食苔耳名脫拉弗耳。乃全在土裏發生。凡此皆非前例所得槩者。

第七節　刑名之事

至於刑名之事。諏律引條。以科人罪。尤宜致謹於其罪果入所引之條與否。即使每條之下。並無特別聲明。謂某某事不在此例。然讀律者宜心知其意。瞭然於事之不宜以此論者。譬如鐵路章程。載不准人於車動時跳躑下車。違者有罰。此自為保護生命起見。然不得舉此以例車站中護丁。及一切守車辦事之人。蓋彼輩當事日久。自有習慣。非常人所能。又或事勢所逼。不能不爾。且即旅人為此。然使有說。謂當其時。不跳躍者。在車之險更大。則亦不得即援前例而罰之也。

第八節　以特為常成詧

其以特為常而致誤者。亦多有之。如𥶆養、斯特力尼二物。食至數分者即死。然醫藥中固常用之。而其劑至輕。假令有人。以前者致死之故。便謂此物大毒。藥不宜用。其誤甚矣。蓋天生之物。為人用者。皆有制節。過而用之。皆足為災。如其制節。則皆為益。近有戒酒之家。謂酒足殺人。為國家所宜禁。夫使多醇之酒。飲而過度。固足傷生。至立死者有之。顧使少飲。又復入水使醨。何嘗致死。須知天下雖有至毒之品。用之有法。皆不成毒。猶之雖有養人之物。食而過量。盡足害生也。

第九節　由特言特成智

其由特言特。所以成智者。大抵二事情形本殊。諦而審之。實無關涉。而據之者妄以為同。如文明法律。例許人人自衛。假如中途被劫。即使將賊格殺。可以勿論。然而兩人決鬬。竟致殺人。不得援此律以自解也。以其事本不相涉故也。又如賭賽。論者非之。而賽者則謂。商界之中。預行屯買。如棉穀諸貨。或以得利。或以折閱。其事與博相同。夫棉穀既可以博。奈之何獨於賽馬之博而禁之。不知其說誤也。蓋商界預屯之事。雖近於博。然貨價騰跌不常。有折有贏，非所得已。又其事總而計之。乃為社會之益。所謂自物競行而後有天演也。若夫賽馬為博之事。於社會本無利益。而其於負者之害。常大過於勝者之利。此所以其事為當禁也。

第十節　觀同之術其要在審

上節由特推特。坐以無所同者為同。遂成內籀之智。顧雖列於此。實與前第二十四章第九節所謂比擬而誤者無殊。今總以上所言者觀之。應告學者。吾人思辨之事。能者與不能者所事本同。而其得效大異。無他。在觀同之術。審與不審耳。其審者由似推似。見所誠於一事者。且將誠於萬事。其不審者。亦由似推似。亦以所誠於一事者。且將誠於萬事。顧其分。則審者所指之似。則真似也。而不審者所指之似。特貌似耳。辨於真似貌似二者之間。而決何者為可推。何者為不可推。此則名學之所有事。而二籀之術之所以不可不講也。

附註

❶ 見前第二十三章第一節。

❷ 凡植物結根土中，作骨朵形者，通名為芋。

名學淺說溫習設問

第一章

㈠名學是何等科學。
㈡名學所教我輩者為何。
㈢培根之論智識。其語云何。

第二章

㈠人有思辨。其致誤者。從何而來。
㈡婢僕生火。以鐵條庋爐楞中。因而火旺。當此之時。彼曹思想云何。
㈢常人謂金涼木暖。其誤安在。
㈣何謂物理公例。
㈤求物理公例而得之者。前哲所用何術。
㈥何謂外籀之術。

㈦推字在名學。的解云何。

第三章

㈠思辨係何等事。

㈡於以下數語。試指何者為端。何者為詞。何者為綴系。何者為指數之字。如云日局諸曜。皆繞日行。一切彗孛。亦日局諸曜也。故一切彗孛。亦繞日行。

㈢取一詞而解析之。其所得要素為何。

第四章

㈠名學所謂端者。必係何部之字。

㈡公用與單舉之名。異同安在。

㈢何等乃統攝之名。

㈣名有玄著之分。能言其理。而舉似之歟。

㈤細看以下所列諸名。然後指出一某字為單舉。二某字為公用。三某為統攝。四某為著。五某為玄。六某為正。七某為負。
屋。上海。學堂。學生。高誼。朋友。懶。懶性。
諸葛亮。新軍第七鎮。
(六)以上所列皆正名。試舉其負者。
滿。深。義。自由。亡。有限。故意。
(七)矮字負名為何。與矮字作反對之字為何。負名與反對之字有以異乎。試詳言之。
(八)一盈。二是。三升。四進步。此四者其反對之字各為何。

第五章

(一)字有內函外舉兩義。今試與汝以軍人一名。試舉汝所知於其外舉者。
(二)軍人與海軍軍人二名。外舉相差何若。
(三)曰木芙蓉。曰芙蓉。曰花。是三名外舉之物。異者何如。
(四)何謂一名內函之義。
(五)內函外舉。其對待為變者若何。或曰名有深廣可論。用汝之意。當以何者為其深。何者為其廣乎。軍人與海軍軍人二名。何者內函之義為多。

第六章

㈠語言文字。何者為語言。何者為文字。試依汝意。作一言字界說。
㈡名家謂字有岐義。岐義之說。能言之乎。
㈢今與汝以墨字。試於中國文字中。盡汝所知。舉其岐義。他字如尸。如方。如木。如封。如信。如目。試各舉其岐義來。
㈣當汝言家時。意之所屬者云何。試明晰言之。以使人不誤會。

第七章

㈠區分物類。其事云何。
㈡吾人所必取萬物而區分之者。其便云何。
㈢汝所知於以下四類之物者何。試憑意言之。一草。二不傳熱物。三身中出血管。即衛脈。四油。
㈣有類。有別。二者之異若何。
㈤吾言筆。又言鋼筆。二名何者為類。何者為別耶。

(六)類別之名。對待而立。以下八名之中。有可相視為類別者。試各舉之。

書。宣紙。植物。紙。六經。松。周易。羅漢松。

(七)以圖畫為大類。今將依名學法例而部分之。能為之歟。

(八)內函何者為多。類耶別耶。

(九)何為物德。何謂物之較德。

(十)界說是何物。

(十一)試為平員。水精。絲縷。三名物之界說。

(十二)筆與鋼筆。人與黃人。幣之與錢。穀之與稻。試先分其孰為類別。次言其較德云何。

(十三)名學於物。又有所謂寓德者。何謂耶。以下四物。若書。若車。若樹。若椅。當以何者為其寓德。

(十四)若馬。若燕。若羊。若平三角形。若琴。是數物者。各有所具之物德。能舉其一二乎。

第八章

(一)以下數詞。試於每句中指出何者為句主。何者為所謂。何者為綴系。

(1)順天府為中國之都。
(2)民之生也直。罔之生也幸而免。
(3)魚樂。
(4)雲破。月來。花弄影。
㈡正負二種詞。其不同安在。
㈢何種為有待之詞。試舉似之。
㈣析取之詞。從何識認。
㈤於以下諸詞句中。一指出何句為統舉之詞。二何句為偏及之詞。三何者為負詞。四何者為有待之詞。五何者為析取之詞。
(1)假使氣表上升。即當不雨。
(2)天上有星皆拱北。中原無水不流東。
(3)榨牛乳之女。無出天花者。
(4)以天花死者。太半皆不種牛痘人。
(5)編民之中。不足任選舉之事者眾。
(6)宦途中人。出身皆科甲。或保舉。或捐班。
㈥於以下二詞。指其中所謂之量數。
(1)井水有毒者。

(2)有時服飾極貴。而非美觀。

(七)句主有為所謂所包舉者。有不為其所包舉者。試用圓形。以明其說。其詞如下。

(1)玫瑰有黃者。

(2)凡出直接稅之男丁。皆選舉員也。

(3)帝王中有不如編戶者。

(八)統而負之詞。其句主與所謂之量數何若。

(九)試舉一統而負之詞頭。並作圜以明其說。

(十)假如吾言。一色厲之人有內荏者。二遊戲之中有冒險事。三巧言令色鮮矣仁。於為言時。吾意云何。能諦而論之歟。

(土)用圜形之有虛線者。以明前三語之義。

第九章

(一)何謂調換詞頭。如下二詞。試調換之。

(1)玫瑰有無香者。

(2)人無全智。

㈡統而正之詞。欲調換之。宜用何術。

㈢一凡塼皆埴所造。二凡鋼之中皆有炭質。此二詞頭。試為換之。

㈣作圜以表以下數詞頭。

⑴辭典皆書籍也。

⑵書不盡皆辭典。

⑶有書為辭典。

⑷有辭典為書。

⑸為善最樂。

㈤凡炱煤皆黑。由此語。於物之不黑者。所可知云何。又於物之非炱煤者。所可知云何。

㈥如王陽明言。行之不至。終是知之不明矣。由此試作一詞。以知之明為句主。以行之至為所謂。

第十章

㈠有連珠云。

凡生類皆需食。

蠔蠣者生類也。

是故蠔蠣需食。

於以上連珠。試答以下諸問。一何者為判詞。二判詞而外。其二詞各何名。三何者為中介。四於何而知其為中介。五何名為大端。其稱大端者何故。六何名為小端。其稱小端者又何故。七此連珠若欲以圜明之。圜應如何作耶。

(二)即如前題所問。用以下一連珠。試為答之。屋宇有不足居者。以其陰溝不如法故。凡屋陰溝不如法者不足居也。

第十一章

(一)一連珠中。法用幾名。其不得多者何故。

(二)一連珠中。用詞幾句。其不得多者又何故。

(三)連珠中。最宜著意於中介者。何事。

(四)譬如有連珠云。凡紅種因田人。皆未開化。以因田人以射獵為生者也。而未開化人有以射獵為生者。此中中介並未盡物。故為智詞。能言其理不。

㈤兩原詞皆負。無由得判。其理安在。

㈥判詞為負。則其案例二詞。必為何等。

㈦默寫雅里氏所定連珠六律令。

㈧此外尚有一條。乃言兩原詞皆偏及者。能言之乎。

㈨假使兩原。其一為偏。其判詞云何。

㈩作圜以釋連珠如下。

凡鳥皆卵生。

蝙蝠非卵生。

故蝙蝠非鳥。

(十一)如下二條。各有兩詞。可從之以得判乎。

⑴錫為金類。金類無雜質者。

⑵冰河者。冰之所成也。凡冰河皆下行。

(十二)於上二條。既成連珠後。試作圜釋之。

(十三)以下一連珠為破第四條律令者。能言其理歟。

凡海水皆含鹽。鄱陽湖水無鹽。以其非海水故。

(十四)以下三連珠。皆破律者。其所破云何。

(1)此為一蟲。以其動故。凡蟲皆能動也。
(2)有物不以力取而甚可貴。有種智識。得之毫不費力。故此種智識。甚可貴也。
(3)馬可沃里烈乃善人。而馬可沃里烈為羅馬皇帝。是故羅馬皇帝皆善人也。

第十二章

(一)有待連珠。其大法云何。
(二)以下二條。其所以為破律者何故。
(1)官若票召張三。則張三必到案。今張三到案矣。是必官以票召也。
(2)使美國而多金錢。則美國興盛矣。乃今美國不多金錢也。故美國非興盛也。
(三)自尋常連珠言。則第一條為破第三律。第二條為破第四律。能言之歟。
(四)使水而溫。則化氣去。此水溫矣。故此水化氣也。能轉此為尋常連珠否。

第十三章

(一)析取之詞。從何辨識。
(二)試作析取之詞數條。每詞用三更端者。
(三)作析取詞。所應遵者。係何律令。
(四)試看以下二條所論。那一條為遵律令者。
(1)西畫非水色。即油畫。此幀非油畫也。故為水色。
(2)花之所以可愛者。或以香。或以色。玫瑰以香取者也。則玫瑰之見愛。不以色矣。

第十四章

(一)推論物理。其大法云何。
(二)方吾云獺為熱血之蟲。故獺之心肺。熱血之蟲之心肺也。其推論之術云何。
(三)西諺有云。篤實是無上政策。是故不篤實者。非無上政策也。如此推論。於名學之理。固有合歟。

㈣既云凡石煤其中有炭質矣。然由此不得便云。非煤其中無炭質。何故。從上一語。所得言於無炭之物者云何。

㈤汝知由似及似一言為何解乎。

㈥假如云。甲與乙二人身長相等。丙則又長於甲。故知丙長於乙。此其由似及似者云何。

㈦假如趙甲與錢乙同年。而孫丙又與趙甲同年。於是即推孫丙必與錢乙同年者。其由似及似。相取為代之術如何。

㈧此術與幾何公論。有相同者。能舉之歟。

第十五章

㈠有問汝外籀是何等術者。汝當何以告之。

㈡內籀術與外籀術之異點云何。

㈢此書譯此二術為籀。亦有說乎。籀字在中文何義。

㈣喀里列窩用何術以求其所謂新知識者。

㈤喀里列窩最著名之試驗云何。

(六)培根羅哲爾、喀里列窩、培根法蘭碩、與奈端其生世時代。相去若何。
(七)新器一書。何人所著。其中所證何學。
(八)內籀第一層功夫何屬。
(九)第二層功夫何屬。
(十)第三層功夫何屬。
(土)第四層功夫何屬。
(土)希卜梯西。正譯置覆。常譯設臆。其旨云何。
(圭)既立臆說之後。所急宜為者何事。
(古)殭石臆說甚多。能遞舉之歟。其一何以不妄。而其餘何以皆妄。各有說乎。
(去)奈端發明通吸力理。其思辨入手之術。有可言歟。
(夫)笛卡兒漩渦之臆。何以成虛。
(七)於窮理莫衷一是。所有待於揭桓事實者云何。其名為揭桓者何以故。

第十六章

(一)假如汝家屋後。有一小園。園中傍牆有樹。晨起行園。見樹枝新折。此風之所為可也。為盜賊踰牆者所攀折亦可也。汝欲分別。事當如何。

㈡凡是察觀。何常智所視為莫須有者。有時乃極關係事。

㈢英國三十年前狄子奔家冒產一案。始末如何。彼時法律之家。何由決其必為冒產。

第十七章

㈠試驗與察觀二事。異同安在。

㈡試驗於研究新理為便。何以言之。

㈢化學中新原質。大抵由何術得之。

第十八章

㈠何者為一事之前提。試為設譬。

㈡何者為一事之後承。

㈢事變原因。必為前提。而前提則不盡為原因。能分別否。

㈣假有一屋被焚。凡此災之前提後承。依汝思想。盡數舉之。更於前提之中。指出何者可為原因。

㈤凡試驗。欲其有效果可言者。必依一法。此法何耶。

㈥假如汝室。鋪有地氈。久而色淡。色淡之由。可因日曬。可因風吹。可因踐踏。可因造氈不如法而然。今欲定為何因。則汝當作何事。

第十九章

㈠將欲求一變之因。其第一步。當為何事。

㈡啤酒開瓶。傾向杯裏。即時作沫。今欲求此沫之因。則應與何等現象比較作思。以資設臆。

㈢日將入時。每於西方。見諸霞彩。深紅橙黃。爛見天際。試思何時。亦有此觀。試類其同。以資設臆。

第二十章

㈠為試驗時。往往有物。時消時長。如遇此物。為試驗者。當遵何術。

㈡物時消長。或可增減者。欲知此物因果。當向何處識察。

㈢有強壯人。於嚴寒日。在一廣長密室。急步行動。遂不覺寒。此不寒者。為因室密。為因行動。或是兩者。皆為其因。欲求了然。宜何試驗。

第二十一章

㈠何謂往復之變。

㈡試於汝所能知。歷舉數端。足當往復之變者。

㈢有往復之因。從何認果。於往復之果。從何識因。

㈣於製造廠。得見兩輪。甲輪動時。乙輪亦動。及甲止時。乙則亦止。汝於斯時。起何觀念。於此二者。何所推知。

第二十二章

㈠於物就一時一地試驗。乃判無時無地。莫不皆然者。所根據之理云何。

㈡用一片鋼。敲一火石。而見火花。由此欲知何物相盪。亦生此果。其所為試驗推究之術。合當如何。

㈢名學中所謂推概二字。指者何事。

第二十三章

㈠於一類物。取一樣子。是樣子者。其用為何。

㈡見樣即決其全體為如何者。必如何而後可。

㈢今有數物。其所具德。同者多端。如是推概。當遵何術。

㈣又有數物。其所具德。同者寥寥。今欲推概。有必要者。其事云何。

㈤於街市中。見兩屋宇。上有銅線。由此通彼。欲知此線。是否通電。汝欲推究。法又如何。

㈥即似為推。何由難信。

㈦十日之報紙。若但以其印刷者言。其功或過此書。顧十日報紙之價。不過十數銅元。脫有人云。名學淺說。定價應不得過十數銅元者。此人持論。為是為非。

㈧吾國書信郵資。今定二分。顧不可使每次電報索費亦止二分者。厥故安在。

第二十四章

㈠何謂比例類推之說。

㈡比例類推。與前推概之術。有異同否。

㈢比例類推。亦有法律。是法云何。

㈣汝見一物。有似黃金。顧不能決。今欲取視。試言此物入汝手後。所以分別之者。諸事何若。

㈤魯濱遜漂流記。載一日於沙頭。忽見人跡。顧何以即思島中。除己之外。尚有人在。此問試詳審作答。

第二十五章

㈠物之不誠者為妄。顧吾於此書中。凡不誠思辨。別名智詞。而不稱妄語。亦有說歟。

㈡智字本義云何。詞之所以稱智者何故。何種思想言語。雖與實理實事絕異。不得稱智。

㈢連珠破律。皆成習詞。是諸種者。皆有名字。試歷舉之。

第二十六章

㈠字多歧義。則民智之進步難。此理可以汝意言之。
㈡以下數條皆歧義習詞。試逐一指其所以成習之故。
⑴鐵路旅行。常有不測之事。某甲以鐵路旅行。故某甲常有不測之事。
⑵人之不治生業者。是謂遊手。某公不治生業。是故某公乃遊手也。
⑶人至眾者也。帝王人也。故帝王至眾者也。
⑷人之飲酒者易犯法。今某人飲酒。故某人易犯法。
⑸騎馬甚樂。某甲騎馬。故某甲甚樂。
㈢立一說而證論不達者。將所立之說遂非歟。
㈣何謂丐問習詞。古人名理之言。或多丐問。而毀譽所在。尤多用丐問名辭。汝能搜求一二。以舉似之歟。

第二十七章

㈠畜類亦解類推。其所由多誤者何故。

㈡遊歷旅行者之所稱道。報章訪事之所刊登。其說往往誤人者可得言歟。

㈢推概成習有三。試歷舉之。

㈣尼祿河（編者按：即今所稱尼羅河）往往旁溢。而其兩岸之地。遂以成腴。吾之黃河。亦往往旁溢。故黃河兩岸之地。亦以成腴。汝試言此論何如。

㈤前謂推論大經。不過由似及似。而內籀成習。大抵亦由似及似者也。然則二說。固矛盾歟。

名學淺說索引

三劃

大端　major term 按亦稱大語。
小端　minor term 按亦稱小語。
工聯社會　trades unions.

四劃

丐問名詞　question-begging epithets.
丐問眢詞　fallacv of begging the question.
中介　middle term 按亦稱中端又稱媒語。
云謂部字　verb.
內函　intension 按亦稱內包。
內籀　induction 按亦稱歸納。
公例　general laws.
天然公例　the general laws of nature.
引論　introduction.
支配兵船　to equip a ship of war.
文尼，威諦，威西　Veni, Vidi, Vici, 按此語乃凱撒征埃及

後又與本都（Pontus）王交戰獲勝而作，嚴氏以為乃至英略地時所云，恐有錯誤。

比擬　reasoning by analogy.

牛津　Oxford.

五劃

以類為推　to reason from like to like.

代名部字　pronoun.

加利方尼　California.

加呢　Grotto del Cane.

北曉　Auroras.

司洛輯沁　syllogism 按即連珠。

句主為一小類，而詞之指意乃言其必藏於所謂大類之中　the subject is the name of a thing, or class of things, contained among the more numerous things of which the predicate is the name.

外舉　extension 按亦稱外延。

外籀　deduction 按亦稱演繹。

布理狄桀　predicate 按亦稱所謂。

布爾德　board.

平行形力理　the law of the parallelograin of forces.

未嘗盡物　not distributed.

正名　positive term.

玄名　abstract term.

由特言特　from the special to the special.

由常推特　from the general to the special.

白思美耶　Henry Bessemer，英國發明家，生於 1813 年，卒於 1898 年。

白趺　white round patch.

印證　verification.

六劃

吉爾白　William Gilbert，英人，著名物理家，生於 1540 年，卒於 1603 年。

名　name.

名物字　noun.

名學　logic 按亦稱論理學邏輯辯學。

《名學淺說》原名　*Primer of Logic* 為英人耶方斯 William Stanley Jevons 所著，耶氏為英國最有名之經濟學家，生於 1835 年，卒於 1882 年。

因　the causes of events.

因同果同　the same causes have the same effects.

因達克的夫　inductive.
多岐之字　ambiguous word.
有力者真理　strong is truth.
有待之詞　hypothetical propositions 按即假設之詞亦稱假言命題。

七劃

何爾頓　Arthur Orton.
克萊武　Robert Clive，英人，政治家，亦軍事家，生於 1725 年，卒於 1774 年。
別　species.
判　conclusion.
希卜梯西　hypothesis.
狄子奔　Sir Roger Tichbone.

八劃

亞斯吉摩　Esquimaux.
例　major premise 按亦稱大原，又稱大前提。
取特論常　from the special to the general.
受福哉解仇者　blessed are the peacemakers.

奈端　Sir Issac Newton，英人，為著名哲學家，數學家，天文家，物理家，生於 1642 年，卒於 1727 年。
委　conclusion 按亦稱委詞，又稱判，或稱斷案。
往復　periodic.
析取之詞　disjunctive proposition 按亦稱選言命題。
歧義眢詞　fallacies of ambiguity.
物變同時，相待起滅，是諸物者，當有繫屬，　those things which change in exactly egual times are in all like Lood connected.
阿里排　alibi.
阿爾巴馬一案　Alabama Case.
阿摩　Amo.
雨弓　rainbow.
非凝質　not solid.

九劃

侯失勒　John Herschel 英人，哲學家，亦天文學家，生於 1792 年，卒於 1871 年。
前事（安梯西登）　antecedents.
前提　premise 原按亦稱原詞，又稱前提。
哈古里甫　Hargreaves.

後承　consequents.（consequent 按亦稱後件）
思辨　reasoning.
思辨之學　the science of reasoning.
指數之徽識　the sign of quantity.
界說　definition.
相待之變　periodic changes.
約旦　Monsieur Jourdan.
負名　negative term.
限制轉頭　limited conversion.

十劃

唆拉納思屬　Solanaceae.
差德　difference.
拿破崙　Napoleon Bonaparte 生於 1767 年，卒於 1821 年。
案　minor premise 按亦稱小原，又稱小前提。
消息之術　variations.
珠雲母　mother-of-pearl.
索思比亞　William Shakespeare 英人，著名文學家，生於 1564 年，卒於 1616 年。
智詞　fallacy 按亦稱偽論。

十一劃

假有數物，其品德中數處相似，或其他處亦即相似　if two or more things resemble each other in many points, they will probably resemble each other also in more points.

偏及之詞　particular proposition 按亦稱特稱命題。

偏及負詞　particular negative proposition.

勒塞伯思　De Lesseps 法人，外交家，亦工程家，生於 1805 年，卒於 1894 年。

區別之字　adjective.

培根佛蘭碩　Francis Bacon 英人，哲學家，名學家，文學家，政治家，始倡內籀之法，生於 1561 年，卒於 1626 年。

培根羅哲爾　Roger Bacon 英人，哲學家，生於 1214 年，卒於 1292 年。

常詞　ordinary proposition.

常德　property.

推知　to infer.

推概之法　the process of generalization.

牽牛　thistle.

理物浦　Liverpool.
笛卡兒　Rene Descartes 法國哲學家，生於 1596 年，卒於 1650 年。
第達克的夫　deductive.
統舉之詞　universal proposition 按亦稱全稱命題。
統舉正詞　universal affirmative proposition.
統舉負詞　universal negative proposition.
脫拉弗耳　truffle.
訥波羅　Naples.
設覆　framing hypotheses.
貧算　poor rate.
通吸力公例　The law of gravity.
連珠　syllogism 按即聯珠。
部別內函之義多於大類　the species has greater intcnsion than the genus.
部別外舉之物少於大類　the species has a narrower extension than the genus.

十二劃

凱撒　Caesar 羅馬大將
喀里列窩　Galileo Galilei 意大利天文學家，生於 1564

年，卒於 1642 年。
單及之端　singular term.
寓德　accident.
彭支　bench.
提設　antecedent 按亦稱前件。
揭桓　crucial instance.
揭桓試驗　experimentum crucis.
普及之端　general term.
發拉屎　fallacy 按係譯音即智詞。
菌　fungus.
詞　propositions 按亦稱命題。
雅里斯多德　Aristotle 希臘哲學大家，生於 B.C. 384，卒於 B.C. 322。
《智環類書》　*Encyclopedia ou Dictionairé raironne des Sciences, des Arts, et des Métiers.*

十三劃

新南衛　New South Wales.
新幾尼亞　New Guinea.
新器　Novum Organum.
萬物親地　all bodies tend to fall towards the earth.

試驗　experiment.

十四劃

察名　concrete term.

對舉　falling into paralogism.

歌白尼　Nicholus Copernicus 普魯士人，著名天文學家，生於 1473 年，卒於 1543 年。

熒惑　Mars 按即火星。

盡物　distributed.

福祿特爾　Voltaire 法人，為著名之文學家，生於 1694 年，卒於 1778 年。

端　terms.

綴系　copula.

臺山　Tower Hill.

與一狗以惡名，而後縊之　give the dog a bad name and hang it.

說　theory.

十五劃

調換詞頭　to convert propositions.

摩利耶　Moliere 法國喜劇名家，其真名為波奎林 Jean-Baptiste Poquelin，生於 1622 年，卒於 1673 年。

歐南長白山，按指　Alps.

餘式之辨　other kinds of arguments.

十六劃

凝質　solid.

澤煤　boghead coal.

盧梭　Jean-Jacques Rousseau 法人，哲學家，亦著作家，生於 1712 年，卒於 1778 年。

穆勒　John Stuart Mill，英人，於經濟學，政治學，哲學，名學，倫理學俱稱大家，生於 1806 年，卒於 1873 年，穆氏所著之名學，原名 *A System of Logic*，經本書譯者譯成中文，名曰《穆勒名學》。

蔱茈　daisy.

蕈　muchrooms.

辨　argument.

圜法　coins.

十七劃

總稱公名之異　the difference between a term in its collective and its general meaning.

聯名部字　preposition.

聯珠　syllogizing 按亦稱三段論法。

殭石　fossil 按即化石。

簡易之轉頭法　simple conversion.

簡捷轉頭按即簡易之轉頭法

十八劃

轉詞　coverting propositions.

轉頭　converse.

羅白利亞屬　Lobeliaceae.

蟾廁　toadstools.

證所無涉　proving the wrong conclusion.

類　genus.

類物之名　names of classes of things.

類族辨物、比事屬詞　making classifications with genera and species.

類略見同　discovery of agreement.

蘇爾河　Suez Canal.

二十一劃

攝最之端　collective term.

二十四劃

觀察　observation.

嚴復先生翻譯名著叢刊

名學淺說

作者◆威廉・史坦利・耶方斯 William Stanley Jevons
譯者◆嚴復
發行人◆王學哲
總編輯◆方鵬程
主編◆葉幗英
責任編輯◆吳素慧
校對◆鄭秋燕
美術設計◆吳郁婷

出版發行：臺灣商務印書館股份有限公司
台北市重慶南路一段三十七號
電話：（02）2371-3712
讀者服務專線：0800056196
郵撥：0000165-1
網路書店：www.cptw.com.tw
E-mail：ecptw.cptw.com.tw
網址：www.cptw.com.tw

局版北市業字第 993 號
臺一版一刷：1966 年 11 月
臺二版一刷：1968 年 6 月
臺三版一刷：2009 年 5 月
定價：新台幣 350 元

ISBN 978-957-05-2374-4

名學淺說 ／ 威廉・史坦利・耶方斯（William Stanley Jevons）著：嚴復譯.
臺三版. -- 臺北市：臺灣商務, 2009.05
面 ； 公分. --（嚴復先生翻譯名著叢刊）
譯自：*Primer of Logic*
ISBN 978-957-05-2374-4(精裝)

1. 邏輯

150.1 98005246

ISBN 978-957-05-2374-4 (150)
9 789570 523744
27300080 NT$350